Le Chandelier enterré

Du même auteur aux éditions Grasset

JOSEPH FOUCHÉ
MARIE-ANTOINETTE
ÉRASME
SOUVENIRS ET RENCONTRES
LA PEUR
MARIE STUART
LE CHANDELIER ENTERRÉ
MAGELLAN
LA PITIÉ DANGEREUSE
BRÛLANT SECRET
CASTELLION CONTRE CALVIN
TROIS MAÎTRES (DOSTOÏEVSKI-BALZAC-DICKENS)
UN CAPRICE DE BONAPARTE

Stefan Zweig

Le Chandelier enterré

Traduit de l'allemand
par ALZIR HELLA

Eric Volant-Labelle

Bernard Grasset
PARIS

Stefan Zweig/Le Chandelier enterré

En 1937, lors de la publication en France de la très belle traduction du Chandelier enterré *par Alzir Hella, Stefan Zweig est un auteur mondialement célèbre. Stefan Zweig, comme Robert Musil, est un pur produit de la Vienne d'alors, capitale cosmopolite, carrefour de civilisations, symbole du* XIX*e siècle qui avait vu sa gloire. L'on comprend pourquoi Zweig, né en 1881, juif autrichien issu d'un milieu aisé, Européen dans l'âme, est profondément marqué par la guerre de 14 et par l'irruption de la barbarie dans un monde de culture et de raffinement qui disparaît à jamais.*

Écrivain accompli, Zweig produit une œuvre importante (théâtre, essais littéraires et critiques, nouvelles et biographies historiques) qui le rend mondialement célèbre. En 1933, à Munich et dans d'autres villes, les livres du « juif » Zweig sont brûlés en autodafé. Zweig voit avec désespoir revenir les mêmes forces brutales et destructrices, sous la forme du nazisme. En 1934, il doit s'exiler. Il va en Angleterre, puis aux États-Unis, enfin au Brésil. En 1942, l'issue de la guerre étant encore incertaine, il se donne la mort, accompagné de sa femme. Il laisse un message dans lequel il salue tous ses amis... « Puissent-ils voir l'aurore après la longue nuit. Moi, je suis trop impatient, je pars avant eux. »

Homme de lettres au sens le plus large du terme, Stefan Zweig s'est essayé à tous les genres : traductions, poésie, théâtre, études littéraires et critiques. La célébrité lui est cependant venue de ses nouvelles (Amok, la Confusion des sentiments, Vingt-Quatre Heures de la vie d'une femme), *et de ses biographies historiques* (Fouché, Marie-Antoinette, Marie Stuart). Le Chandelier enterré *est un recueil de nouvelles qui permet d'appréhender le plus justement possible les caractéristiques du talent riche et complexe de Zweig, car on y retrouve à la fois le conteur, l'historien et le penseur.*

Les deux premières nouvelles ont trait à la légende du peuple juif. Le Chandelier enterré *raconte les pérégrinations du chandelier à sept branches – la* ménorah *du temple de Salomon – ravi par l'empereur Titus au sanctuaire de Jérusalem, volé à Rome par les Vandales et repris par les soldats de Justinien. Un jeune garçon juif, témoin du sac de Rome en 455 et du vol du chandelier, vivra assez vieux pour aller à Byzance tenter d'arracher à l'empereur Justinien la* ménorah *sacrée. De ce sujet Zweig tire un drame poignant, avec de superbes évocations de Rome de la décadence, où la légende juive devient romanesque sans perdre de sa force symbolique : l'éternelle souffrance et l'éternel espoir du peuple juif.*

Rachel contre Dieu *est un court récit, étonnant de vigueur et de subtilité dans l'argumentation : comment Rachel s'adresse directement à Dieu pour sauver sa descendance.*

L'action de Virata *se passe dans les Indes mystérieuses. C'est l'histoire d'un homme à la recherche de la vraie sagesse qui, de renonciation en renonciation, passera de la première à la dernière place dans l'État comme dans la mémoire des hommes.*

Cette exceptionnelle apologie de l'humilité exhale le même climat mystique que les deux légendes juives qui la précèdent. Les préoccupations humanistes de Zweig sont au cœur de ces contes, jusque dans leur merveilleux et leur séduction.

LE CHANDELIER ENTERRÉ

C'ÉTAIT par une belle journée du mois de juin 455; le combat qui venait d'opposer au cirque Maxime de Rome deux gigantesques Hérules à une meute de sangliers hyrcaniens s'était terminé dans le sang, lorsque vers la troisième heure de l'après-midi une agitation croissante commença à s'emparer de la foule. Tous les voisins de la loge richement décorée de tapis et de statues où l'empereur Maxime était assis au milieu des officiers du palais avaient été surpris d'y voir entrer un messager couvert de poussière et qui venait apparemment de mettre pied à terre après une furieuse galopade. A peine eut-il parlé au monarque que, contre tous les usages, celui-ci se leva au moment le plus pathétique du spectacle; toute la cour le suivit avec la même hâte insolite et bientôt les sièges réservés aux sénateurs et aux autres dignitaires se vidèrent à leur tour. Un départ aussi précipité ne pouvait pas ne pas avoir de raison grave. En vain d'éclatantes fanfares annoncèrent-elles un nouveau combat de bêtes et un lion numide à crinière noire s'élança-t-il par la grille ouverte avec un sourd rugissement au-devant du glaive court des gladiateurs — une vague d'inquiétude souleva irrésistiblement l'assistance anxieuse et déferla à travers elle. On se levait, on se montrait les places vides des notables, on s'interrogeait, on faisait du tapage, on sifflait; puis une nouvelle bouleversante, venue on ne sait d'où, se répandit soudain parmi les spectateurs : les Vandales, les pirates redoutés de la Méditerranée, avaient débarqué à Portus avec une flotte considérable et marchaient déjà sur la ville. Les Barbares! Ce mot d'abord chuchoté devint tout à coup une clameur retentissante poussée par des centaines et des milliers de poitrines et fit le tour des gradins : « Les Barbares! Les Barbares! » Déjà la multitude, comme emportée par une bourrasque, se ruait vers la sortie. Ce fut la panique. Les gardes quittèrent leur poste et fuirent avec tout le monde; on sautait par-dessus les sièges; on se frayait un chemin à coups de poing et d'épée, on piétinait les femmes et les enfants qui poussaient des cris aigus. Devant les issues se produisaient des remous d'où partaient des hurlements et des plaintes. En un instant le vaste cirque, où la minute d'avant quatre-vingt mille personnes formaient un bloc sombre et bruyant, fut complètement évacué. Silencieuses et désertes sous le soleil ardent les arènes ressemblaient maintenant à une carrière abandonnée. Seul sur la piste — les combattants avaient fui avec les autres — le lion oublié, secouant sa crinière noire, rugissait d'un air de défi au milieu de cette solitude imprévue.

C'étaient bien les Vandales. Des messagers se succédant sans cesse répandaient à présent dans la ville des nouvelles de plus en plus alarmantes. Sous la conduite de Genseric ces hommes vifs et énergiques montés sur des centaines de voiliers et de galères venaient d'atterrir. Déjà les cavaliers numides et berbères accouraient avec leurs manteaux blancs sur la Via Portuensis de toute la vitesse de leurs étalons aux longs cous précédant le gros de l'armée; demain, après-demain la troupe des pillards serait aux portes de Rome, et rien n'était prêt pour la défense. Les mercenaires impériaux combattaient au loin, du côté de Ravenne, les fortifications étaient en ruines depuis le passage d'Alaric. Personne ne songeait à résister. Les riches et les hauts personnages faisaient apprêter mules et chariots pour sauver avec leur vie tout au moins une partie de leurs biens. Mais il était déjà trop tard. Le peuple ne souffrit pas que les grands le pressurassent dans la prospérité pour l'abandonner dans l'adversité. Et quand Maxime voulut s'enfuir du palais avec sa suite il fut accueilli par une grêle d'injures et de pierres. Puis la populace irritée tomba sur ce poltron et massacra en pleine rue à coups de hache et de massue le pitoyable empereur. On ferma les portes comme chaque soir; mais la ville n'en fut que davantage prisonnière de la peur. Une terrible appréhension pesait comme un brouillard lourd et malsain sur les maisons silencieuses et sans lumière en même temps que l'obscurité enveloppait d'un manteau étouffant la cité menacée qui frissonnait de terreur. Cependant, comme à l'ordinaire, les étoiles scintillaient au ciel, éternellement impassibles, et, comme la veille, la lune tendait sa corne d'argent sur la voûte azurée. Rome, le cœur palpitant, veillait et attendait les Barbares comme le condamné qui, la tête posée sur le billot, s'apprête à recevoir le coup inévitable déjà suspendu au-dessus de sa tête.

Pendant ce temps, les Vandales s'avançaient lentement, sûrement, méthodiquement, comme des triomphateurs sur la voie romaine déserte. Ces Germains aux longues tresses blondes marchaient en bon ordre, par cohortes, au pas, en soldats bien disciplinés. Devant eux, les auxiliaires du désert, les Numides à la peau brune et aux cheveux noirs comme de la poix, faisaient caracoler et virevolter impétueusement de magnifiques pur sang qu'ils montaient sans étriers. Genseric, le roi des Vandales, chevauchait au milieu de l'expédition. Du haut de sa selle il souriait d'un air insouciant et satisfait à la vue de son peuple en marche. Le vieux guerrier expérimenté savait depuis longtemps par ses espions qu'il n'y avait pas de résistance sérieuse à craindre de la part des Romains et que cette fois il n'allait pas au-devant d'une bataille qui déciderait, mais d'un butin facile. En effet aucun ennemi n'apparaissait. Seulement, devant la Porta Portuensis, à l'endroit où la route bien nivelée entre dans la ville, le pape Léon, paré de tous ses insignes et entouré de la troupe resplendissante de son clergé, se porta à la rencontre du roi. C'était ce même pontife, qui, quelques années auparavant, avait obtenu du terrible Attila qu'il épargnât Rome et à la prière duquel le païen s'était rendu avec une incompréhensible bonne grâce. Genseric descendit aussitôt de cheval en apercevant le majestueux vieillard à barbe blanche et s'avança vers lui en boîtant (son pied droit avait été raccourci). Mais il ne baisa point la main ornée de l'anneau de saint Pierre ni ne plia dévotement le genou; car il était Arien et ne regardait le pape que comme l'usurpateur du christianisme. Il écouta avec un froid dédain sa harangue en latin dans laquelle le saint père le conjurait de ménager la Cité sainte. Il fit répondre par son interprète qu'on se rassurât : on n'avait rien d'inhumain à redouter de lui; il était lui-même un soldat et un chrétien. Il ne brûlerait ni ne détruirait Rome, bien que cette ville despotique en eût rasé des milliers d'autres. Dans sa magnanimité, il épargnerait même les biens de l'Eglise et les femmes et se contenterait de piller « *sine ferro et igne* », selon le droit du vainqueur et du plus fort. Mais il invitait les autorités — et il prononça ces mots d'un ton menaçant, tandis que son écuyer l'aidait déjà à se remettre en selle — à lui ouvrir les portes sans délai.

Les choses se passèrent comme Genseric l'avait exigé. Aucune lance ne fut brandie, les épées restèrent au fourreau. Une heure plus tard Rome entière appartenait aux Vandales. Mais la troupe victorieuse des pirates ne se répandit pas à travers la ville sans défense comme une horde indisciplinée. Domptés par la main de fer du roi, ces grands et robustes guerriers aux cheveux de lin entrèrent en rangs serrés par la Via Trumphalis en se contentant de jeter de temps à autre des yeux curieux sur ces milliers de statues aux yeux blancs dont les lèvres muettes semblaient leur promettre un riche butin. Aussitôt après, Genseric en personne se rendit au Palatinum, la demeure abandonnée de l'empereur. Mais ce ne fut pas pour y recevoir les hommages intéressés des sénateurs tremblants de crainte ni pour y faire préparer un festin : c'est à peine s'il accorda un regard aux présents par lesquels la riche bourgeoisie espérait l'amadouer. Penché sur une carte, le rude soldat élabora immédiatement un plan qui lui permettrait de piller la ville rapidement et de fond en comble. Chaque district fut confié à une centurie et chaque centurion rendu responsable de la conduite de ses hommes. On assista alors non pas à une mise à sac furieuse et désordonnée, mais à une razzia calculée et organisée. Tout d'abord, sur l'ordre de Genseric, les portes furent fermées et gardées par des factionnaires, afin que pas une obole, que rien ne lui échappât. Puis ses soldats réquisitionnèrent les embarcations, les véhicules, les bêtes de somme et des milliers d'esclaves pour transporter au plus vite, dans leur repaire d'Afrique, tout ce que Rome contenait de richesses. C'est alors seulement que le pillage commença, calme, systématique et conduit avec un grand sens pratique. Pendant treize jours, les Barbares dépouillèrent et morcelèrent la ville, commodément, savamment, comme un boucher dépèce un bœuf. Chaque centurie accompagnée d'un scribe allait de maison en maison, de temple en temple et sortait tout ce qui s'y trouvait de précieux et de transportable : les vases d'or et d'argent, les colliers, pièces de monnaie, bijoux, les chaînes d'ambre du nord, les fourrures de Transylvanie, la malachite du Pont et les épées forgées de Perse. On força des artisans à détacher avec précaution la mosaïque des murs des temples et à desceller les dalles de porphyre des péristyles. Tout fut exécuté avec prudence, adresse et précision. Des ouvriers descendirent les cintres de bronze des arcs de triomphe avec des cabestans pour ne pas les abîmer, on fit démonter tuile par tuile par des esclaves le toit doré du Capitole après avoir pillé l'intérieur de l'édifice. Genseric fit seulement scier ou briser à coups de marteau les colonnes d'airain, trop monumentales pour pouvoir être transportées rapidement, afin d'en avoir tout au moins le métal. Quand ils eurent vidé de fond en comble les demeures des vivants, les Vandales violèrent celles des morts, les tumuli. Leurs mains sacrilèges plongèrent dans les sarcophages de pierre et arrachèrent les peignes de diamant de la chevelure des princesses défuntes et les bracelets d'or de leurs squelettes décharnés; ils volèrent aux cadavres leurs miroirs métalliques et leurs chevalières; leurs doigts avides s'emparèrent même de l'obole qu'on mettait dans la bouche des morts pour qu'ils pussent payer le nocher les transportant dans le royaume de Pluton. Le produit général des diverses rapines fut ensuite rassemblé en tas séparés à un endroit déterminé. La victoire aux ailes d'or y voisinait avec la châsse sertie de pierreries qui contenait les ossements d'un saint et les dés à jouer d'une grande dame. Des lingots d'or et d'argent s'empilaient près de tissus de pourpre, de la verrerie fine s'amoncelait à côté de métaux grossiers. Le scribe notait chaque chose en lettres runiques pleines de raideur sur un grand parchemin pour donner à cette spoliation une certaine apparence de légalité. Genseric en personne accompagné de sa suite circulait en boîtant au milieu de ce chaos, touchait chaque objet de son bâton, examinait les bijoux, souriait et appréciait. Il regardait partir avec satisfaction les chariots remplis jusqu'au bord. Pas une maison ne brûla, pas une goutte de sang ne fut versée. Régulièrement, sans heurt, comme des bennes qui montent et qui descendent dans une mine, deux files de voitures, l'une chargée, l'autre vide, voyagèrent pendant treize jours de la ville à la mer et de la mer à la ville. Bientôt les bœufs et les mulets haletèrent sous la charge : jamais de mémoire d'homme on n'avait raflé pareil butin en si peu de temps.

Treize jours durant on n'entendit plus le son de la voix humaine dans cette cité surpeuplée. Personne ne parlait haut, hormis les Vandales. Personne ne riait. Dans les maisons les lyres étaient muettes et on ne chantait plus dans les temples. On ne percevait que les coups de marteau qui déplaçaient ce qu'on avait toujours cru immuable, le fracas des blocs de pierre qui s'écroulaient, le grincement des chariots surchargés et le sourd mugissement des bêtes de trait harassées de fatigue que les conducteurs fouettaient sans arrêt. Parfois les chiens, auxquels les hommes tremblant pour leur propre vie oubliaient de donner à manger, se mettaient à hurler; parfois les notes graves d'une tuba retentissaient sur les remparts quand on relevait la garde.

Mais les Romains calfeutrés chez eux retenaient leur souffle. La cité victorieuse de l'univers semblait avoir cessé de vivre, et quand le vent de la nuit s'engouffrait dans les ruelles désertes on eût dit le gémissement étouffé d'un blessé qui sent son sang s'échapper jusqu'à la dernière goutte.

*
**

Le dernier jour du pillage de Rome par les Vandales la communauté juive s'était réunie chez Moïse Abthalion, sur la rive gauche du Tibre, à l'endroit où le fleuve jaune se replie paresseusement comme un serpent bien repu. Ce n'était pas un des grands de la communauté ni un connaisseur de la Loi, mais un vieil et rude artisan, et s'ils avaient choisi sa maison pour s'y rencontrer c'est parce que son atelier au sol de terre battue était plus spacieux que leurs demeures exiguës et incommodes. Depuis treize jours, ils s'assemblaient ainsi quotidiennement enveloppés dans leurs suaires blancs avec des mines sombres, accablées, et ils priaient à l'ombre des volets clos parmi les rouleaux accrochés, les étoffes teintes et les cuveaux profonds avec une obstination sourde et quasi machinale. Ils n'avaient pas encore eu jusque-là à souffrir des Vandales. Deux ou trois fois, des escouades, accompagnées de leurs chefs et de leurs scribes, s'étaient engagées dans l'étroite et laide rue aux Juifs, où, à la suite de multiples inondations, l'humidité s'était installée entre les pierres des maisons et suintait à travers les murs des larmes froides. Un coup d'œil méprisant avait suffi à ces pillards pour reconnaître qu'on ne pourrait rien tirer de cette misère. Là, pas de brillants péristyles dallés de marbre, pas de tricliniums aux dorures éclatantes, pas de statues ni de vases de bronze. Ils étaient donc passés avec indifférence, et nulle razzia, nulle imposition n'était à craindre. Pourtant les cœurs des Juifs de Rome étaient affligés : un pressentiment alarmant les oppressait. Un malheur qui fondait sur la ville, sur le pays qu'ils habitaient — ils savaient cela depuis des générations — finissait toujours par rejaillir sur eux. Dans la prospérité, les peuples les oubliaient. Les princes bâtissaient, faisaient des embellissements et vivaient dans le luxe, cependant que la plèbe prenait un plaisir grossier aux chasses et aux jeux. Mais quand une calamité survenait, on les en rendait responsables. Gare à eux si l'ennemi était victorieux, si une ville était mise à sac, si la peste désolait une contrée! Tous les maux de l'univers retombaient inévitablement sur eux, et ils savaient aussi qu'ils devaient accepter leur destin sans murmurer car partout ils étaient faibles et impuissants. Leur seule arme était la prière.

Les Juifs de Rome priaient donc chaque soir jusqu'à une heure avancée de la nuit en ces journées sombres et périlleuses du sac: que pouvait faire le juste dans un monde inique et cruel, où la force triomphe éternellement, sinon se tourner vers Dieu? C'était la même chose depuis des années et des années. Blonds ou bruns, tous avides de butin, les Barbares déferlaient tantôt du sud, tantôt de l'est et de l'ouest, et à peine une bande avait-elle passé qu'une autre lui succédait. Les impies se battaient dans tout l'univers et ne laissaient pas les hommes pieux en paix. Ils avaient pris Jérusalem, Babylone et Alexandrie; maintenant c'était le tour de Rome. Où l'on voulait se reposer régnait le tumulte, où l'on cherchait la tranquillité, on rencontrait la guerre : on ne pouvait éviter son destin. Ce n'était que dans la prière qu'on trouvait protection, quiétude et consolation en ce monde bouleversé. Car elle est merveilleuse. Elle calme la peur de sa promesse, elle élève vers Dieu la tristesse du cœur sur ses ailes bourdonnantes. Il est bon de prier dans le malheur et meilleur encore de prier ensemble; car toute douleur partagée s'allège et le bien plaît davantage à Dieu lorsqu'il est fait en commun.

Un pieux murmure s'échappait de leurs barbes, léger et continu comme sous les fenêtres le clapotis du Tibre qui battait obstinément et sans violence les planches des lavoirs et dont les flots caressaient mollement les rives. Nul ne regardait son voisin et pourtant ils balançaient en cadence leurs vieilles épaules branlantes tout en chantant et en marmonnant les mêmes psaumes qu'ils avaient déjà répétés des centaines et des milliers de fois et que leurs pères et leurs grands-pères avaient ressassés avant eux. Leurs lèvres savaient à peine ce qu'elle disaient, leurs sens ce qu'ils ressentaient, ce bruit doux et plaintif semblait provenir d'un rêve confus.

Soudain ils tressaillirent; les échines ployées se redressèrent toutes à la fois. Dehors le marteau venait de s'abattre avec fracas. Et les Juifs expatriés avaient déjà à cette époque une peur innée de tout ce qui était imprévu. Que pouvait-on attendre de bon d'une porte qui s'ouvrait la nuit? Le murmure s'arrêta net; on perçut plus distinctement dans le silence le gargouillis monotone et incessant de l'eau. Tous tendaient l'oreille, la gorge serrée. Le marteau retomba encore une fois, une main impatiente secoua la porte de la rue. « J'y vais », dit Abthalion comme s'il se parlait à lui-même, et il sortit sans bruit. Un violent courant d'air inclina fortement la flamme du cierge collé sur la table; elle se mit tout à coup à frissonner comme le cœur de tous ces hommes.

Ils ne reprirent haleine qu'en reconnaissant le nouvel arrivant. C'était Hyrcanos ben Hillel, le trésorier des deniers impériaux, l'orgueil de la communauté, le seul Juif qui eût accès au palais. Il avait été autorisé par faveur spéciale de la Cour à demeurer de l'autre côté du Tibre et à porter d'élégants vêtements de couleur; mais, en ce moment, son manteau était déchiré et son visage souillé.

Tous l'entourèrent, impatients de l'entendre — ils devinaient qu'il apportait une nouvelle — et pourtant bouleversés d'avance par le malheur que son émotion laissait pressentir.

Hyrcanos ben Hillel respira profondément. On sentait que les mots étaient arrêtés dans son gosier et ne voulaient pas sortir. Finalement il gémit :

— C'en est fait! ils l'ont trouvé!

— Trouvé qui? Trouvé quoi? Ils haletaient bruyamment.

— Le chandelier! La menorah! A l'arrivée des Barbares, je l'avais dissimulé dans la cuisine sous la desserte. J'avais laissé exprès les autres objets sacrés dans le trésor : la table des pains de proposition, les trompettes d'argent, la verge d'Aaron et les encensoirs; trop de domestiques en effet connaissaient nos richesses, pour que je pusse les cacher toutes. Il n'y avait qu'une seule chose que je désirais sauver parmi les pieux ustensiles du temple : le chandelier de Moïse, le candélabre de la maison de Schelomo, la menorah. Déjà, ils avaient tout ramassé, déjà ils avaient vidé la pièce et cessé leurs recherches; déjà mon cœur se sentait rassuré à la pensée que nous conserverions au moins un de nos objets de sainteté. Mais un des esclaves (que son âme se dessèche!) m'avait vu le cacher et me trahit auprès des brigands pour racheter sa liberté. Il leur indiqua l'endroit; ils le déterrèrent. Ils possèdent à présent tout ce qui se trouvait autrefois dans le Saint des Saints, dans la maison de Schelomo, l'autel et les vases, les tablettes sacerdotales et la menorah! Aujourd'hui même, cette nuit, les Vandales emporteront le chandelier vers leurs navires.

Ils restèrent un moment sans voix. Puis des cris incohérents jaillirent de leurs lèvres blêmes :

— Le chandelier!... Encore!... Malheur!... La menorah!... Le flambeau de Dieu!... Malheur... Malheur!... Le candélabre de l'autel divin !... La menorah!

Ils se heurtaient les uns aux autres, titubant comme des ivrognes, ils se frappaient la poitrine à coups de poing, se tenaient les hanches en geignant comme sous le coup d'une douleur physique. Ces vieillards pondérés vociféraient comme des gens subitement atteints de cécité.

« Silence » commanda soudain une voix impérieuse. Tout le monde se tut aussitôt. Celui qui avait lancé cet ordre était le chef de la communauté, le plus vieux, le plus sage d'entre eux, un docteur de l'Ecriture, rabbi Eliezer, celui qu'ils appelaient « Kab ve Nake », c'est-à-dire le « Pur et Serein ». Il avait près de quatre-vingts ans et une barbe de neige encadrait son visage. Des pensées douloureuses avaient creusé sur son front de cruels sillons, mais sous ses sourcils touffus son œil était resté doux et limpide comme une étoile. Il leva la main — elle était étroite, jaune et ridée, rappelant les nombreux parchemins qu'elle avait griffonnés dans sa vie — et balaya l'espace d'un geste horizontal semblant vouloir chasser le bruit comme on chasse une fumée pernicieuse et faire place nette pour des paroles sensées.

— Silence! répéta-t-il. Les enfants crient dans le danger, les hommes réfléchissent. Asseyez-vous et délibérons. L'esprit est plus dispos lorsque le corps repose.

Confus, ils s'installèrent sur des bancs et des escabeaux. Rabbi Eliezer parla doucement, sans regarder personne; on eût dit qu'il raisonnait avec lui-même.

« C'est un malheur, un très grand malheur! Il y a longtemps qu'on nous les avait pris, les objets sacrés, et personne ne les a jamais vus dans le trésor impérial, excepté Hyrcanos ben Hillel. Toutefois nous les savions cachés là, tout près de nous, depuis Titus. L'exil nous semblait moins amer à la pensée que nos reliques, qui avaient tant voyagé à travers les siècles, qui avaient été à Babel et à Jeruscholajim et étaient toujours rentrées au bercail, se reposaient à présent, prisonnières, certes, mais dans la même ville que nous. Nous n'avions pas le droit de déposer du pain sur l'autel, et pourtant nous pensions à lui toutes les fois que nous rompions notre pain. Il nous était interdit d'allumer le chandelier et cependant chaque fois que nous faisions de la lumière nos pensées allaient à la menorah condamnée à l'obscurité et à l'isolement dans une maison étrangère. Les pieux ustensiles n'étaient plus en notre possession, mais nous les savions en lieu sûr et bien cachés. Et voilà qu'aujourd'hui le chandelier sacré va se remettre en route, non, comme nous le croyions, pour regagner sa patrie, mais pour prendre une direction inconnue. Cependant ne nous lamentons pas. Les gémissements n'avancent à rien. Examinons ce qu'il faut faire. »

Ils l'écoutaient sans mot dire, le front penché. La main du vieillard n'avait cessé d'errer dans sa barbe, de haut en bas. Toujours, comme en se parlant à lui-même, il continua :

« Le chandelier est en or pur et j'ai souvent cherché pourquoi Dieu avait voulu que notre présent fût aussi coûteux. Pourquoi a-t-il exigé de Moïse qu'il pesât si lourd, qu'il eût sept branches et fût décoré de fleurs et de guirlandes ciselées? Je me suis parfois demandé si cela n'était pas un danger pour lui, car le mal vient éternellement de la richesse et les trésors attirent les voleurs. Mais je constate une fois de plus combien nos pensées sont frivoles et que tout ce que l'Eternel ordonne a une signification qui dépasse notre savoir et notre raison. Je comprends, à présent! Ce n'est que parce que nos reliques ont de la valeur qu'elles se sont conservées à travers les siècles. Si elles avaient été d'un métal vulgaire, les pillards les eussent brisées sans scrupule et en auraient fait des glaives ou des chaînes. Ils ne les ont gardées qu'en raison de leur prix, sans soupçonner leur sainteté. Un brigand les vole à un autre, personne n'ose les détruire et chacune de leurs pérégrinations les ramène à Dieu.

« Réfléchissons donc un peu. Les Barbares se soucient-ils de la sainteté des objets? Ils ne voient qu'une chose dans notre chandelier : c'est qu'il est en or. En excitant leur cupidité, en leur proposant le double, le triple de son poids d'or, on réussirait peut-être à le ravoir. Nous ne pouvons combattre, nous autres Juifs, toute notre force réside dans le sacrifice. Nous ferons demander à nos frères, disséminés à travers le monde, qu'ils nous aident à le délivrer. Nous doublerons, nous triplerons cette année l'offrande que nous versons au temple, nous donnerons les vêtements de notre corps et l'anneau de notre doigt. Il faut racheter le candélabre sacré, dûssions-nous le payer sept fois son pesant d'or. »

Un soupir l'interrompit. Hyrcanos leva tristement les yeux.

— C'est inutile. J'ai déjà essayé, fit-il avec calme. Ce fut même ma première pensée. Je me suis adressé à leurs trésoriers et à leurs scribes, mais ils m'ont reçu grossièrement et brutalement. J'ai été trouver le roi Genseric et lui ai offert les plus fortes rançons. Il m'a écouté avec humeur et en frappant du pied. Alors j'ai perdu la tête et lui ai fait l'éloge du chandelier; je lui ai appris qu'il avait appartenu au temple de Schelomo, que Titus l'avait ramené de Jeruscholajim et qu'il était à ses yeux le plus bel ornement de son triomphe. Le Barbare comprit alors toute la valeur de cette prise et me déclara avec un rire insolent :

« Je n'ai pas besoin de ton or. J'ai ramassé ici un tel butin que je pourrais faire paver mes écuries de ce métal et sertir de pierreries les fers de mes chevaux. Mais s'il s'agit vraiment du chandelier de Salomon, je le garde! S'il a précédé Titus dans Rome le jour de son triomphe, je le ferai porter devant moi pour célébrer le mien sur cette cité. S'il a servi ton Dieu, il servira désormais le vrai Dieu! Va-t'en! Et il me renvoya. »

— Tu aurais dû rester!

— Crois-tu que je sois parti? Je me suis prosterné devant lui, j'ai embrassé ses genoux. Mais son cœur est plus dur que son épée. Il m'a repoussé du pied comme un caillou. Puis ses esclaves m'ont roué de coups et jeté dehors. C'est miracle que je vive encore!

Tous comprirent pourquoi les vêtements d'Hyrcanos ben Hillel étaient déchirés. Ils remarquèrent aussi qu'il avait à la tempe une balafre sanglante. Ils restaient assis sans parler. On entendait le grincement des chariots qui passaient sans arrêt dans la nuit, et les graves appels des cors vandales qui se répondaient étrangement d'un bout à l'autre de la ville. Puis tout bruit cessa. Alors la même pensée leur vint : le sac est terminé, le chandelier est perdu !

Rabbi Eliezer leva les yeux avec lassitude :

— C'est cette nuit, dis-tu, qu'ils l'emportent ?

— Oui, cette nuit même ils le transporteront en chariot jusqu'à leurs vaisseaux par la Via Portuensis, et en ce moment, pendant que nous discutons, il est sans doute en route. Ces cors sonnent le rassemblement de l'arrière-garde. Demain matin on l'embarquera.

Rabbi Eliezer pencha un peu plus la tête sur la table. On eût dit qu'il s'était endormi en écoutant la réponse d'Hyrcanos. Il avait l'air absent et ne remarquait pas que tous les regards étaient anxieusement tournés vers lui. Soudain il releva le front, et dit tranquillement :

— Cette nuit. Bien. Nous l'accompagnerons.

On s'étonna. Mais le vieillard répéta d'un ton calme et ferme :

— Nous l'accompagnerons ! C'est notre devoir. Rappelez-vous les commandements de la Loi. Quand l'arche se déplaçait, nous la suivions ; nous n'avions le droit de nous reposer que lorsqu'elle s'arrêtait. Les objets de sainteté voyagent : nous devons les suivre !

— Mais comment traverser la mer? Nous n'avons pas de navire!

— Eh bien, nous n'irons que jusqu'à la mer. C'est l'affaire d'une nuit.

Hyrcanos se leva :

— Comme toujours, dit-il, la raison parle par la bouche de rabbi Eliezer. Nous l'accompagnerons. C'est une partie de notre route éternelle. Quand l'arche, quand le chandelier voyage, le peuple, la communauté tout entière doit l'escorter.

Une petite voix timide s'éleva dans un coin de la salle. C'était Simche, le menuisier contrefait qui gémissait avec effroi :

— Mais s'ils s'emparent de nous? Ils en ont déjà emmené des centaines en esclavage. Ils nous battront! Ils nous tueront! Et nous n'en serons pas plus avancés pour cela!

— Tais-toi, lui répliqua-t-on. Dompte ta peur! Si l'un de nous est pris, tant pis pour lui! S'il meurt il sera mort pour la menorah. Nous partirons tous, il le faut!

— Oui, tous, tous! criaient-ils ensemble.

Cependant Eliezer leur fit signe de se taire. Il ferma encore une fois les yeux; c'était son habitude quand il voulait réfléchir.

— Simche a raison, dit-il enfin. Il ne rougit pas de sa faiblesse et de sa pusillanimité. Il a raison, nous n'avons pas le droit de risquer notre vie et de courir stupidement la nuit au-devant des brigands. Rien n'est plus sacré que l'existence et Dieu défend qu'on l'expose inutilement. Il voit juste, Simche, ils pourraient enlever les jeunes gens pour en faire des esclaves. C'est pourquoi ni les hommes mûrs ni les enfants ne sortiront ce soir. Quant à nous, il n'en est pas de même. Nous sommes vieux; un vieillard est à charge à tout le monde et le plus souvent à lui-même. Nous ne pourrions ramer sur les galères, nous qui aurions à peine la force de creuser notre propre tombe, et la mort elle-même, quand elle nous prend, fait une piètre acquisition. C'est à nous de suivre le chandelier. Que tous ceux qui ont plus de soixante-dix ans s'assemblent et se préparent à partir.

Tous les hommes aux barbes grises s'avancèrent. Ils furent d'abord dix, puis onze quand rabbi Eliezer, le Pur et Serein, se joignit à eux : ces derniers survivants d'une époque disparue, graves et solennels, évoquaient dans l'esprit de leurs cadets l'image des patriarches. Le rabbin reprit sa place au milieu des autres :

— Nous, les anciens, nous allons partir. Ne vous souciez pas de ce qu'il adviendra de nos personnes. Toutefois il est nécessaire qu'un jeune nous accompagne pour qu'il raconte aux générations suivantes ce dont il aura été témoin. Nous mourrons bientôt, notre lampe est presque éteinte, et dans peu de temps notre bouche sera muette. Il faut qu'il y ait quelqu'un qui voie de ses yeux le flambeau de la table de l'Eternel et qui nous survive de longues années pour que se transmette de tribu en tribu et d'âge en âge la certitude qu'il n'est pas perdu à tout jamais, mais qu'il continue son éternel voyage. Bien qu'il ne soit pas capable de saisir le sens des choses, un enfant nous accompagnera; plus tard son témoignage servira.

Tous se taisaient. Chacun pensait avec angoisse à son propre fils et l'imaginait dehors, dans la nuit, au milieu du danger. Mais déjà Abthalion, le maître teinturier, s'était levé.

— Je vais chercher Benjamin, mon petit-fils. Il a sept ans, autant d'années que le chandelier a de branches, et cela me paraît être une heureuse coïncidence. Pendant ce temps faites vos préparatifs, mangez ce que vous trouverez chez moi.

Les vieillards s'assirent autour de la table ronde, les plus jeunes leur servirent du vin et des aliments. Mais avant que le pain fût là, le rabbin commença la prière que de tout temps les anciens disaient trois fois par jour. Et les vieux répétèrent de leur voix grêle et cassée ce verset nostalgique :

« Dieu de Bonté, consens, dans Ta Miséricorde, à rétablir Ta Souveraineté à Sion et le service de l'holocauste à Jeruscholajim! »

***

L'oraison terminée, les anciens se préparèrent à partir. Calmement, posément, comme s'ils accomplissaient un acte de piété, ils retirèrent leur linceul et l'empaquetèrent avec leur manteau de prière et leurs thefilines. Les plus jeunes leur apportèrent des fruits et du pain pour le voyage, sans oublier de solides bâtons pour soutenir leur marche. Puis chacun des vieillards écrivit sur une feuille de parchemin ce qu'il adviendrait de son bien au cas où il ne reviendrait pas; les autres servirent de témoins.

Pendant ce temps Abthalion avait monté l'escalier de bois. Tout d'abord il s'était déchaussé; mais comme c'était un homme gros et lourd, les marches disjointes gémirent sous ses pas. Il ouvrit avec précaution la porte de son logement où dormaient entassés (ils étaient pauvres) sa femme, sa bru, ses filles et ses petits-enfants. Un pâle rayon de lune, bleu et vaporeux, filtrait par une fente de la lucarne fermée, et bien que le grand-père marchât sur la pointe des pieds il s'aperçut que sa femme et sa belle-fille avaient les yeux grands ouverts et le regardaient de leur lit avec effroi.

— Qu'y a-t-il? demanda une voix inquiète.

Abthalion ne répondit pas et se dirigea à tâtons vers l'angle gauche de la chambre où se trouvait le grabat de son petit-fils, Benjamin. Il se pencha avec tendresse au-dessus de la paillasse. Le petit garçon dormait profondément, les poings crispés sur la poitrine, comme s'il était en colère; il devait faire un rêve farouche et passionné. Abthalion passa doucement la main dans ses cheveux emmêlés pour le réveiller. L'enfant ne reprit pas conscience tout de suite; mais ses sens devaient avoir vaguement ressenti cette caresse à travers son sommeil car ses poings se détendirent, il ouvrit les lèvres, sourit aux anges et s'étira avec volupté. Le cœur d'Abthalion se serra à la pensée qu'il fallait arracher cet innocent à la douceur de son repos. Il empoigna pourtant le dormeur et le secoua avec énergie. Le bambin s'éveilla et promena autour de lui un regard éperdu; il n'avait que sept ans, mais c'était un petit Juif, né à l'étranger et habitué à sursauter chaque fois qu'il se produisait quelque chose d'inattendu. De même que son père tressaillait quand le marteau de la porte s'abattait, de même qu'ils tremblaient tous, les sages, les anciens, quand on lisait un nouvel édit dans leur rue, lorsque l'empereur mourait et qu'un autre lui succédait. Car tout ce qui était nouveau était dangereux pour le ghetto du Trastévere où Benjamin avait passé ses premières années. Il n'avait pas encore appris l'Ecriture, mais il savait déjà qu'il devait avoir peur de tout et de tous ici-bas.

Abthalion posa vivement la main sur la bouche de l'enfant pour l'empêcher de crier. Mais il se rassura dès qu'il eut reconnu son grand-père. Celui-ci se pencha sur lui et lui murmura à l'oreille : « Prends tes habits et tes chaussures et viens! Ne fais pas de bruit pour qu'on ne t'entende pas. » Benjamin se leva aussitôt. Il flairait un mystère et il était fier que son grand-père le fît entrer dans son secret. Sans l'interroger de la parole ni du regard, il chercha ses vêtements et ses sandales à tâtons.

Déjà ils se faufilaient vers la porte, lorsque la mère se souleva sur son oreiller et demanda d'une voix éplorée :

— Où emmènes-tu le petit?

— Silence, répondit Abthalion. Les femmes ne posent pas de questions!

Il ferma la porte. Tout le monde devait être réveillé dans la chambre, à présent. On entendait un bruit confus de conversations et de sanglots derrière la mince cloison de planches, et quand les onze vieillards franchirent le seuil pour se mettre en route toute la rue connaissait leur périlleuse entreprise, comme si l'étrange nouvelle avait transpiré à travers les murs; des soupirs et des lamentations s'échappaient de toutes les maisons. Mais les anciens n'y firent pas attention et ne se détournèrent pas. Ils marchaient d'un pas tranquille et décidé. Il était près de minuit.

*
**

A leur grand étonnement, les portes de la

ville n'étaient ni fermées ni gardées : personne ne les interrogea ni ne s'opposa à leur sortie. Les cors de tout à l'heure sonnaient le rassemblement des dernières sentinelles vandales; d'autre part, les Romains, peureusement verrouillés chez eux, n'osaient pas croire encore que le sac fût terminé. Aussi la route qui conduisait au port était-elle déserte. Pas un chariot, pas une voiture, pas un homme, pas une ombre! Rien que les bornes milliaires qui luisaient à la clarté vaporeuse de la lune.

« Nous sommes en retard, dit Hyrcanos ben Hillel. Les chariots des pillards nous précèdent certainement de beaucoup, peut-être roulaient-ils déjà avant que les cors eussent sonné. Il faut nous hâter. »

Ils pressèrent le pas. Au premier rang s'avançait Abthalion un bâton à la main; il avait à sa droite rabbi Eliezer. Entre le septuagénaire et l'octogénaire, le bambin, inquiet et encore mal réveillé, trottinait de toute la vitesse de ses petites jambes. Derrière eux, trois par trois, venaient les autres vieillards, leur paquet dans la main gauche, leur gourdin dans la droite; ils marchaient la tête penchée comme derrière un cercueil invisible. La lourde nuit campanienne les environnait; nul souffle d'air ne venait dissiper la brume marécageuse qui s'étendait, épaisse et visqueuse, sur la plaine et qui sentait la terre moisie. Une lune verdâtre, maladive, brillait dans le ciel bas et étouffant. Il avait quelque chose de sinistre ce voyage à l'aventure dans l'obscurité, au milieu des tertres circulaires qui se dressaient immobiles au bord du chemin comme des animaux morts et des maisons saccagées qui, avec leurs fenêtres délabrées, avaient l'air d'aveugles spectateurs de l'étrange cortège. Mais le danger ne s'était pas montré jusqu'à présent, la route était déserte et projetait une lueur blanchâtre comme une rivière gelée à travers le brouillard. On ne voyait plus trace des pillards; si, pourtant, une seule fois, sur la gauche, une villa romaine en flammes montrait leur passage dévastateur. Le faîte en était déjà effondré, mais la braise encore incandescente donnait une coloration rougeâtre aux volutes de fumée qui montaient de l'intérieur. A cette vue les vieillards eurent tous la même pensée : il leur sembla que c'était la colonne de feu qui guidait le tabernacle lorsque leurs ancêtres marchaient derrière l'arche d'alliance comme eux cette nuit à la poursuite de leur chère menorah.

L'enfant s'essoufflait à suivre les deux vieux et il s'efforçait d'allonger ses enjambées pour ne pas rester en arrière. Il se taisait pour imiter les autres, mais une angoisse infinie emplissait son âme et son petit cœur sautait douloureusement dans sa poitrine. Il avait peur, démesurément peur, parce qu'il ignorait pourquoi ces vieillards l'avaient enlevé à son lit, parce qu'il ne savait pas où ils l'emmenaient, et parce qu'il n'avait jamais vu la campagne dans l'obscurité et le vaste firmament au-dessus d'elle. Il ne connaissait de la nuit que ce qu'on en apercevait de la rue aux Juifs. Là, elle n'était qu'un rectangle noir, grand comme la main et à peine si trois ou quatre étoiles tenaient dans le petit coin de ciel que laissaient voir entre les toits d'étroites lucarnes. On n'avait rien à craindre d'elle, car elle était pleine de bruits familiers. Jusqu'au sommeil on entendait la prière des hommes, la toux des malades, le bruit des pas, le miaulement des chats, le ronflement de l'âtre; sa mère dormait à droite, sa sœur à gauche, on était protégé, entouré de chaleur et de vie, on n'était pas seul. Mais ici l'immensité de la nuit le menaçait; l'enfant se sentait plus petit que jamais sous cette coupole voilée et nuageuse. S'il n'avait été sous la sauvegarde de ces hommes, il eût pleuré ou cherché à fuir cette chose écrasante qui, de toutes parts, l'enveloppait de son silence écrasant. Mais, heureusement, à côté de la peur il y avait place dans ce cœur d'oiseau pour un orgueil vibrant, passionné; l'enfant était fier que les anciens — en présence de qui leurs cadets tremblaient et sa mère elle-même n'osait parler — que ces hommes sages et vénérables l'eussent choisi, lui, le plus jeune, parmi tous les autres. Il ignorait pourquoi et où ils l'emmenaient, mais si puéril que fût son esprit un pressentiment l'avertissait qu'il devait y avoir quelque chose de grandiose dans cette marche à travers la nuit. C'est pourquoi il désirait de toutes ses forces se montrer digne de leur choix; il forçait sans arrêt ses petites jambes grêles à faire de grandes foulées et comprimait bravement les pulsations de son cœur lorsqu'il lui battait trop violemment dans la gorge. Mais le chemin était long. L'enfant était fatigué depuis longtemps, et sans cesse la peur le reprenait chaque fois qu'à la clarté vaporeuse de la lune les ombres de ses compagnons s'allongeaient subitement sur la route pour s'évanouir ensuite; le martellement continu de leurs pas sur les pierres sonores et bien nivelées ne cessait pas non plus de l'inquiéter. Tout à coup quelque chose de noir voleta autour de son front, une chauve-souris, qui s'enfuit en zigzaguant dans la nuit. Benjamin poussa un cri et se cramponna à la main de l'aïeul :

— Grand-père, grand-père ! Où allons-nous?

— Tais-toi et marche! Ne demande rien! grommela le vieillard d'une voix rude et irritée.

Sans se détourner l'enfant baissa la tête comme si on l'avait battu. Il avait honte de n'avoir pu contenir sa peur. « Je n'aurais pas dû questionner », songea-t-il avec dépit.

Mais rabbi Eliezer, le Pur et Serein, jeta un regard sévère sur Abthalion et lui dit par-dessus le bambin qui tremblait :

— Insensé, comment ce petit ne nous interrogerait-il pas? Comment ne s'étonnerait-il pas, lui qu'on a arraché de son lit pour l'emmener à travers ces ténèbres hostiles? Et pourquoi ne connaîtrait-il pas la raison de notre expédition? Ne partage-t-il pas notre destin de par l'héritage du sang? Ne supportera-t-il pas encore plus longtemps que nous-mêmes notre peine infinie? Il y aura bel âge que nos yeux seront éteints qu'il vivra encore pour témoigner à une autre génération qu'il est le dernier à avoir vu à Rome le chandelier de l'autel de l'Eternel. Pourquoi veux-tu le laisser dans l'ignorance, lui dont nous désirons faire un initié et le messager de cette nuit?

Confus, Abthalion se taisait. Rabbi Eliezer se pencha affectueusement sur l'enfant et lui dit en caressant ses cheveux en signe d'encouragement :

— Demande, mon fils, demande sans crainte! autant qu'il te plaira! Je te répondrai. Mieux vaut pour l'homme questionner qu'ignorer! Seul celui qui a beaucoup questionné peut comprendre beaucoup de choses. Et n'est juste que celui qui comprend beaucoup de choses.

Le cœur de Benjamin palpitait d'orgueil en entendant ce sage vénéré de tous lui parler si gravement. De reconnaissance, il eût volontiers baisé la main du rabbin; seulement sa crainte était trop grande; aucune parole ne sortit de ses lèvres frémissantes. Mais rabbi Eliezer qui avait étudié tant de livres durant sa vie était à même de lire dans le silence des âmes. Il savait que l'enfant était impatient d'apprendre où ils se rendaient et ce qui lui arrivait. Il prit doucement dans sa main froide la menotte légère du garçonnet qui palpitait comme un papillon et dit :

— Je vais te renseigner, te révéler où nous allons. Car nous ne faisons rien de mal et, bien que la voie que nous suivions aujourd'hui soit ignorée de tous, Dieu abaisse ses regards sur nous et connaît nos pensées. Il sait ce que nous entreprenons, mais lui seul peut prévoir comment tout ceci finira...

Tout en parlant à Benjamin, rabbi Eliezer marchait à la même cadence, ainsi que ses compagnons qui cependant se rapprochaient d'eux, pour écouter ce que ce sage disait à cet innocent :

— C'est un chemin fort ancien que nous parcourons là, mon enfant; nos pères et nos aïeux l'ont déjà parcouru avant nous. Car nous fûmes un peuple voyageur pendant d'innombrables années, et nous le sommes redevenus. D'ailleurs notre destin veut peut-être que nous le soyons éternellement. A l'opposé des autres peuples, le sol sur lequel nous vivons n'est pas notre sol, le froment que nous mangeons, les fruits que nous récoltons n'ont point poussé dans nos plaines et nos vergers. Nous errons de pays en pays et nos corps reposent en terre étrangère. Mais nous avons beau être dispersés du nord au midi comme l'ivraie dans un champ, nous sommes quand même demeurés parmi les autres peuples, grâce à notre Dieu et à notre croyance en lui, un peuple unique et particulier. Quelque chose d'invisible nous rapproche, nous unit, et cette chose c'est notre Dieu. Je sais, mon fils, que tu as de la peine à comprendre cela, car les sens ne perçoivent que ce qui est visible et il n'y a que la matière qui le soit. C'est pourquoi les autres nations ont donné une forme à la divinité et l'ont façonnée dans le bois, la pierre et l'airain. Mais nous, les seuls, nous nous sommes attachés à l'invisible et cherchons un esprit qui soit au-dessus du nôtre. Tous nos efforts ont tendu à ne pas nous soumettre au matériel; nous avons été des chercheurs et avons persisté dans notre attachement envers l'immatériel. Et celui qui se consacre à l'immatériel est plus fort que celui qui est esclave de la matière, car celle-ci est périssable, tandis que celui-là demeure. Et l'esprit finit toujours par triompher. C'est uniquement parce que nous nous sommes dévoués à l'Eternel que nous avons résisté au temps et c'est parce que nous lui avons gardé notre foi qu'il nous est resté fidèle. La signification de tout cela, je le sais, échappe à un enfant comme toi, car nous-mêmes, bien souvent, dans notre détresse, nous n'arrivons pas à saisir pourquoi Dieu et la Justice en qui nous croyons ne se manifestent pas ici-bas. Aussi ne t'afflige pas si tu ne comprends pas et sois cependant attentif...

— J'écoute, répondit timidement l'enfant émerveillé.

— ... Cette foi en l'immatériel accompagna nos pères et nos ancêtres à travers le monde et pour s'attester à eux-mêmes qu'ils croyaient en un Dieu invisible, qui ne se montre jamais et qu'aucune image ne saurait représenter, nos aïeux créèrent un symbole. Car notre esprit est étroit et ne peut concevoir l'infini; seule une infime partie de la divinité arrive parfois jusqu'à nous, seul un pâle reflet de sa lumière éclaire l'humanité. Aussi pour que nous ne nous écartions jamais de notre devoir, qui est de servir l'invisible, c'est-à-dire la Justice et la Grâce, nous avons fabriqué des objets dont l'entretien demandait des soins incessants : un chandelier appelé menorah dont les cierges brûlaient éternellement, un autel sur lequel on exposait des pains constamment renouvelés. Ces objets sacrés — retiens bien ceci — n'étaient pas des représentations de l'Etre divin comme les autres peuples furent assez impies pour en exécuter, mais des témoignages de l'assiduité de notre foi. Ils nous suivaient partout où nous allions. Enfermés dans l'arche d'alliance, nous les mettions à l'abri sous le tabernacle que nos pères, sans asile comme nous-mêmes, portaient sur leurs épaules. Nous n'avions le droit de nous arrêter que lorsque l'arche faisait halte. Pendant des milliers d'années, que celle-ci fût au repos ou en marche, le peuple juif est resté nuit et jour groupé autour de ses reliques et tant que nous veillerons sur ce symbole de sainteté nous demeurerons une nation, même dans l'exil.

» Ecoute-moi bien. L'arche renfermait l'autel sur lequel nous déposions les pains de proposition, les fruits du sol; des vases d'où l'encens s'échappait pour monter jusqu'à Dieu ; les tables de la Loi dans lesquelles l'Eternel a fait alliance avec nous. Mais le plus apparent de tous ces objets était le chandelier dont la flamme éclairait l'autel du Saint des Saints; car le Tout-Puissant aime la lumière qu'il a créée et ce candélabre a été fait pour le remercier de l'avoir donnée à nos yeux, à notre esprit. Il était en or pur et artistement travaillé. Sept coupes s'élançaient de son large fût et il était rehaussé de guirlandes ciselées. Quand les sept cierges brûlaient dans leurs douilles, la lumière sortait de sept fleurs et nos cœurs se sanctifiaient à cette vue. Lorsque cette lumière s'allume le jour du sabbat, notre âme devient le temple du recueillement. C'est pourquoi aucun autre symbole au monde ne nous est aussi cher que la forme de ce chandelier, et, dans toutes les maisons de la terre où demeure un Juif qui continue à croire aux saintes choses, la menorah élève en effigie ses sept bras implorants...

— Pourquoi sept? s'enquit l'enfant d'une voix timide.

— ... Demande, mon enfant, demande hardiment. A force de questionner on finit par savoir. Le nombre sept est un chiffre mystérieux et sublime entre tous, car Dieu a créé l'univers et l'homme en sept jours; et le plus grand des miracles, c'est qu'il soit au monde, qu'il sente, qu'il reconnaisse et qu'il aime son créateur. En nous donnant la lumière, Dieu a appris aux sens à voir et à l'esprit à connaître : le candélabre lève vers le Ciel ses sept bras pour glorifier la lumière, celle du dedans comme celle du dehors. Car Dieu nous a aussi dispensé la clarté intérieure au moyen de l'Ecriture : l'une nous est révélée par la vue, la seconde par la connaissance. Ce que la flamme est aux sens, l'Ecriture l'est à l'âme; elle renferme tout : les actions de Dieu et celles de nos pères, les règles de conduite, ce qui est permis et ce qui est défendu, l'esprit créateur et la loi organisatrice. En nous prodiguant sa lumière, l'Eternel nous a accordé de percevoir deux fois le monde, physiquement et spirituellement, et il nous est même possible de concevoir sa propre nature grâce à son rayonnement. Saisis-tu, mon enfant?...

— Non, répondit le petit dans un souffle.

— ... Eh bien, retiens seulement ceci, tu comprendras le reste par la suite : les emblèmes les plus sacrés que nous emmenions en voyage et les seuls témoignages qui nous restaient de nos origines étaient l'Ecriture et le chandelier, la thora et la menorah...

— La thora et la menorah, répéta l'enfant avec recueillement. Et il joignit les mains pour mieux graver les mots dans sa mémoire.

— ... Ecoute encore! Il vint un temps — déjà lointain — où nous fûmes las de la vie nomade. L'homme en effet a envie de la terre comme celle-ci a soif de lui. Et quand après de longues pérégrinations à l'étranger nous arrivâmes dans le pays que « Mose » nous avait promis, nous nous l'appropriâmes. Nous labourâmes et nous ensemençâmes, nous plantâmes la vigne et élevâmes du bétail, nous entourâmes nos champs devenus fertiles de clôtures et de haies, ravis de ne plus être les hôtes éternels des autres peuples, ceux qu'on tolère ou qu'on rebute. Et déjà nous pensions que nos migrations étaient désormais terminées, déjà nous nous enhardissions jusqu'à dire que cette contrée était à nous, comme si la terre appartenait jamais à l'homme auquel tout n'est que prêté. Mais il oublie toujours qu'avoir n'est pas tenir et que posséder n'est pas garder : il bâtit sa maison là où il sent le sol sous ses pieds et il cherche à se cramponner à la glèbe comme les racines des arbres. Nous construisîmes pour la première fois des maisons et des villes, et puisque chacun de nous avait une demeure, comment la gratitude ne nous aurait-elle pas incité à en élever une à notre Dieu tutélaire, plus haute et plus magnifique que toutes les autres : un temple! C'est pendant ces années bénies de quiétude que régna sur notre pays un roi riche et sage nommé Schelomo...

— Loué soit son nom! interrompit Abthalion à voix basse.

— Loué soit son nom! répétèrent les autres vieillards.

... Qui bâtit un édifice sur le mont Moriah, là où jadis notre ancêtre Jacob avait vu en songe l'échelle mystique et s'était éveillé en disant : « Ce lieu est sacré et le sera pour tous les peuples de la terre. » C'est là que Schelomo édifia notre temple; les plus beaux matériaux, la pierre, le cèdre et l'airain ciselé furent employés à sa construction. Et quand nos pères levaient les yeux vers ses murs, leurs cœurs se rassuraient; il leur semblait que Dieu consentît à demeurer éternellement parmi eux et leur promît un avenir de paix. Comme nous dans nos foyers, le tabernacle reposait dans le saint lieu et dans celui-ci l'arche tant de fois déplacée. Jour et nuit la menorah éclairait l'autel de ses sept flammes; tout ce qui nous était sacré était caché dans le Saint des Saints. Bien qu'invisible comme il le fut et le sera toujours, Dieu séjournait paisiblement dans le pays de nos aïeux, dans le temple de Jeruscholajim...

— Puisse mon œil le revoir, murmurèrent les marcheurs sur le ton de la prière.

— ... Mais tout ce que l'homme possède ne

lui est que prêté, te disais-je, mon enfant, et le bonheur est une roue qui tourne. Notre paix n'était pas éternelle comme nous le pensions, car un peuple farouche venu de l'est s'empara de notre cité comme ces pillards que tu as vus viennent de pénétrer dans Rome où nous vivons exilés. Ils firent main basse sur tout ce qu'ils purent, ils emportèrent tout ce qui était transportable, détruisirent tout ce qui était destructible : ils ne laissèrent que ce qui était invisible, la parole et la présence de Dieu. C'est ainsi qu'ils arrachèrent la menorah de la sainte table et s'en emparèrent, non pas parce qu'elle était sacrée — les serviteurs du Malin se moquent de cela — mais parce qu'elle était en or et que les voleurs aiment ce métal. Et de même qu'ils emmenèrent les habitants, ils transportèrent le chandelier, l'autel et tous les vases à Babylone...

— Babylone? interrompit peureusement l'enfant.

— ... Demande sans hésitation, mon fils, et puisse Dieu te répondre toujours. Babylone était une ville grande et puissante comme celle où nous demeurons actuellement et si éloignée de notre pays que la position des étoiles au-dessus de nos têtes était toute autre. Et pour que tu mesures le trajet que parcoururent alors les vases sacrés, compte toi-même avec moi : tu vois, il y a seulement trois heures que nous marchons et nos membres sont déjà perclus de fatigue. Babylone était mille fois plus loin. Tu juges peut-être à présent du chemin parcouru par le chandelier! Cependant dis-toi bien que pour Dieu la distance ne compte pas. Et quand l'Eternel s'aperçut que nous continuions d'observer sa parole dans l'exil — le sens de nos éternelles persécutions ici-bas c'est peut-être que l'éloignement nous fait révérer davantage les saintes choses et que l'excès de notre misère nous rend plus humbles — quand Dieu, dis-je, vit que nous avions supporté l'épreuve, il éveilla le cœur d'un roi de ce peuple étranger. Celui-ci reconnut ses torts et laissa nos pères rentrer dans la terre promise; il leur redonna le chandelier du temple et tous les objets sacrés. Ils retournèrent de Chaldée à Jeruscholajim à travers les bois, les montagnes et les déserts. Nous revînmes donc sains et saufs de l'autre bout du monde dans le pays où nous avions toujours été et où nous serons toujours en pensée. Nous reconstruisîmes le temple sur le mont Moriah, les sept flammes de la menorah éclairèrent de nouveau l'autel de Dieu, et la joie se ralluma dans nos cœurs. Mais retiens bien ceci, afin de comprendre la signification de notre marche d'aujourd'hui : aucune œuvre au monde, si ancienne soit-elle et quel que soit le chemin qu'elle ait parcouru dans le temps et l'espace, n'est aussi vénérable pour nous que ce chandelier à sept branches; il est le gage le plus précieux que nous possédions de notre unité et de notre pureté.

Chaque fois que notre destinée s'assombrit, sa lumière s'éteint.

Rabbi Eliezer s'interrompit. Sa voix semblait épuisée. Le petit garçon releva vivement la tête; la crainte que le récit ne fût déjà terminé se lisait dans son regard. Le vieillard remarqua en souriant l'inquiétude de l'enfant. Il lui caressa doucement les cheveux et le rassura en poursuivant:

— Comme tes yeux brillent, mon fils! Mais ne crains rien! Notre destinée n'a pas de fin et je pourrais continuer de parler ainsi pendant des années que tu ne connaîtrais pas la centième partie de la route qui nous est tracée. Apprends, cependant, puisque tu m'écoutes si bien et si volontiers, ce qui se passa dans notre pays! Nous pensions encore une fois que le temple était reconstruit pour toujours. Mais de nouveaux ennemis arrivèrent par mer. Ils venaient de ce pays-ci, conduits par un empereur, un guerrier nommé Titus...

— Maudit soit son nom, murmurèrent les marcheurs.

— ... qui abattit nos murailles et rasa notre temple. L'impie viola le Saint des Saints et enleva le chandelier de l'autel. Ivre de rage, il déroba les merveilles que Schelomo avait destinées à la gloire de l'Eternel et, en même temps qu'il emmenait notre roi en captivité, il les emporta triomphalement dans son pays où son peuple insensé l'acclama follement, comme si ses soldats avaient vaincu Dieu et le traînaient enchaîné derrière eux. Et le réprouvé trouva son sacrilège si admirable, notre abaissement si précieux qu'il édifia une porte pour commémorer sa victoire et fit graver dans le marbre l'image de ce qu'il avait volé à Dieu...

L'enfant tourna vers le rabbin son visage attentif :

— Est-ce cet arc de triomphe avec tous ces hommes de pierre qui se dresse devant une grande place et sous lequel mon père m'a défendu de passer?

— ... C'est cela même mon fils. Passe toujours devant sans le regarder, car il nous rappelle les jours les plus douloureux de notre histoire. Aucun Juif n'a le droit de franchir cette porte sur laquelle on a gravé par dérision ce que nous révérons et révérerons toujours. Souviens-toi chaque fois...

Le vieil homme s'interrompit au milieu de sa phrase. Hyrcanos ben Hillel avait bondi derrière lui et lui avait posé la main sur la bouche. Tous s'effrayèrent de sa hardiesse. Mais, sans rien dire, Hyrcanos tendit le bras en avant. On distinguait vaguement au loin, à la clarté incertaine de la lune voilée par la brume, une masse sombre, assez semblable à une grosse chenille qui rampait devant eux sur la route; à présent que les vieillards étaient arrêtés, retenant leur souffle, on entendait dans la nuit un grincement de véhicules lourdement chargés. Au-dessus de ce sombre convoi qui avançait avec lenteur on voyait luire quelque chose qui scintillait comme des brins d'herbe dans la rosée du matin: c'étaient les lances de l'arrière-garde numide qui surveillait les chariots remplis de butin.

Mais ces gardiens aux yeux perçants devaient déjà avoir aperçu les suiveurs, car ils tournèrent bride aussitôt, et un détachement fonça au galop dans leur direction, la lance en arrêt, en poussant des cris aigus. Les Numides se tenaient presque debout sur leurs montures et leurs burnous blancs flottant derrière eux donnaient l'impression que leurs cavales avaient des ailes. Involontairement les vieillards se serrèrent les uns contre les autres et mirent l'enfant au milieu d'eux. Les cavaliers accouraient à bride abattue emportés dans un même élan; ils freinèrent si brusquement leurs chevaux qu'ils se cabrèrent à trois pas des Juifs terrifiés. Ayant examiné ceux-ci de près, ils reconnurent à la clarté lunaire que ce n'étaient pas des soldats qui les poursuivaient pour leur disputer ce qu'ils emportaient, mais d'inoffensifs vieillards qui cheminaient paisiblement dans la nuit en tenant un petit paquet dans une main, un bâton dans l'autre; comme il était d'usage dans leur pays que de pieux pèlerins allassent ainsi d'un lieu à un autre, ils sourirent avec bienveillance à ces barbes blanches et leurs dents éblouissantes illuminèrent leurs visages sombres et farouches. Puis l'un d'eux émit un sifflement bref et strident; ils firent demi-tour et repartirent légers, aériens comme un vol d'oiseau, tandis que les anciens, immobiles de frayeur, n'avaient pas encore compris qu'on les avait épargnés et qu'ils étaient sauvés.

⁂

Rabbi Eliezer, le Pur et Serein, fut le premier à se ressaisir. Il tapota affectueusement les joues de l'enfant.

— Tu es un brave, s'écria-t-il en se penchant vers lui. Je tenais ta main dans la mienne, elle n'a pas tremblé! Veux-tu que nous continuions à bavarder? Car tu ne sais pas encore où nous allons, ni pourquoi nous sommes debout cette nuit.

— Raconte, murmura le jeune garçon avec un léger accent de prière dans la voix.

— Je te disais, tu t'en souviens, que Titus, le maudit, avait emmené nos ustensiles sacrés à Rome et avait eu la vanité de les montrer en spectacle à toute la ville. Plus tard les empereurs romains qui lui succédèrent déposèrent notre menorah avec les autres reliques de Schelomo dans un édifice qu'ils appelaient Temple de la Paix — mot insensé! comme si la paix pouvait durer et avoir un asile en ce monde belliqueux. Mais l'Eternel ne permit pas que ce qui avait fait l'ornement de sa propre demeure séjournât dans un temple étranger; une nuit, il envoya un incendie qui consuma le monument, les statues et les richesses qu'il contenait : seul notre chandelier échappa aux flammes dévorantes. C'était une nouvelle preuve que ni le feu, ni l'exil, ni la main criminelle des hommes ne pouvaient rien sur lui. Dieu les avertissait par là qu'ils devaient remettre les objets sacrés dans le saint lieu, où on les révère uniquement pour leur sainteté et non à cause de leur valeur. Mais les fous comprennent-ils les avertissements du Ciel, les cœurs endurcis obéissent-ils à la raison?...

Rabbi Eliezer soupira et continua :

— ... Ils prirent donc notre candélabre sacré et le reléguèrent une seconde fois dans une autre maison de l'empereur; et comme il dormait là, au fond d'une pièce bien close, ils pensaient le garder éternellement. Mais un brigand trouve toujours un autre brigand qui l'attaque et ce qui s'acquiert par la violence est repris par la violence. Carthage a attaqué Rome, comme Rome avait assailli Jeruscholajim. On l'a dépouillée comme on nous avait spoliés, ses sanctuaires ont été outragés comme les nôtres l'avaient été. Mais les pillards que tu aperçois là-bas dans la nuit nous ont ravi aussi notre bien, notre divin chandelier, et leurs chariots qui sont devant nous emportent ce que nos cœurs chérissaient le plus. Demain ils l'embarqueront, ils l'emporteront sous d'autres cieux, loin de nos regards désolés; sa lumière ne nous éclairera plus jamais, nous qui sommes vieux! Nous suivons aujourd'hui la menorah qui nous quitte comme on accompagne dans son dernier voyage la dépouille d'un être cher pour lui témoigner son affection. Nous perdons ce que nous possédions de plus sacré : comprends-tu à présent la tristesse de notre mission?

L'enfant marchait en silence, la tête baissée. Il semblait réfléchir.

— ... Mais retiens bien ceci : nous t'avons pris comme témoin pour que plus tard, quand nous serons en terre, tu certifies que nous sommes restés fidèles à l'objet sacré et que tu apprennes aux autres à le demeurer. Pour que tu les aides à conserver nos croyances. Il reviendra toujours, le chandelier, de ses voyages dans les ténèbres et le jour glorieux arrivera où il illuminera de nouveau de ses sept flammes l'autel de Dieu. Nous t'avons réveillé pour que ton cœur s'éveille et pour que plus tard tu fasses le récit de cette nuit à nos descendants. Souviens-toi, et dis leur pour les consoler que tu as vu de tes yeux la menorah, qui a voyagé pendant des milliers d'années, et qui durera, j'en ai la ferme conviction, autant que le peuple juif.

Benjamin se taisait toujours. Rabbi Eliezer sentait une résistance dans ce mutisme. Il se pencha vers lui et demanda :

— M'as-tu compris?

Le front de l'enfant restait buté.

— Non, répondit-il, je ne comprends pas ! Puisqu'il nous est si cher, si sacré, ce chandelier, pourquoi souffrons-nous qu'on nous l'enlève?

Le vieillard soupira.

— Tu as raison, mon fils! Pourquoi souffrons-nous qu'on nous l'enlève? Pourquoi ne nous défendons-nous pas? Parce que tu verras qu'en ce monde le droit appartient aux plus forts et non pas aux justes. La force impose toujours sa volonté et la piété est impuissante ici bas. Dieu ne nous a appris qu'à supporter l'injustice et non à faire respecter notre droit par la violence!

Eliezer avait prononcé ces paroles la tête basse et sans interrompre sa marche. Soudain le petit garçon arracha sa main de celle du rabbin et s'arrêta. Hardiment, impérieusement presque, il demanda au vieil homme :

— Et Dieu? Pourquoi tolère-t-il ce vol? Pourquoi ne nous secourt-il pas? Tu l'as appelé le Juste et le Tout-Puissant. Pourquoi est-il avec les bandits et non avec les honnêtes gens?

Les vieillards étaient effrayés. Ils s'arrêtèrent et leur cœur cessa de battre. La question téméraire de l'enfant avait retenti dans les ténèbres comme une fanfare éclatante : il leur semblait que ce bambin venait de déclarer la guerre à Dieu. Furieux — il rougissait de son sang — Abthalion apostropha rudement son petit-fils :

— Tais-toi et ne blasphème pas!

Mais rabbi Eliezer lui coupa la parole :

— Tais-toi d'abord, toi! Pourquoi grondes-tu cet innocent? Il n'a fait que demander, dans la naïveté de son cœur, ce que nous nous demandons jour et nuit, toi, moi, nous tous, et les plus sages de notre peuple depuis l'origine des temps. Il n'a fait que poser notre vieille question juive : pourquoi Dieu nous traite-t-il avec tant de rigueur, nous, justement nous, qui le servons mieux que les autres? Pourquoi nous jette-t-il sous les pieds des autres peuples pour qu'ils nous piétinent, nous qui l'avons reconnu et glorifié les premiers dans l'insaisissabilité de son être? Pourquoi détruit-il ce que nous construisons, pourquoi brise-t-il nos espérances, pourquoi nous chasse-t-il de tous nos asiles? Pourquoi attise-t-il contre nous à tour de rôle la haine de tous les peuples? Pourquoi nous éprouve-t-il si durement, nous seuls, nous qu'il a tout d'abord élus et qui avons été les premiers dans son secret? Non, je ne mentirai pas devant un enfant et si sa demande est un blasphème, je blasphème moi-même tous les jours. Voyez, je le confesse devant vous tous : je ne puis m'en défendre, je dispute sans cesse avec Dieu, à quatre-vingts ans, je me pose encore à tout moment la question de ce candide enfant : pourquoi Dieu nous plonge-t-il dans une détresse aussi profonde; pourquoi souffre-t-il qu'on nous opprime et vient-il même en aide aux bandits dans leurs brigandages? J'ai beau ensuite dans mon repentir me frapper la poitrine à coups redoublés, je ne puis étouffer ce cri d'anxiété. Je ne serais pas un Juif ni un homme si cette question ne me tourmentait pas à tout moment, et la mort seule la fera expirer sur mes lèvres.

Les autres vieillards frissonnèrent. Jamais ils n'avaient vu Kab ve Nake, le Pur et Serein, le juste, dans un pareil état; son accusation contre Dieu devait jaillir d'un repli caché de son âme qu'ils ignoraient jusqu'ici; de le voir ainsi trembler de tous ses membres dans l'excès de sa douleur et éviter en rougissant le regard étonné de l'enfant les déconcertait. Cependant rabbi Eliezer ayant aussitôt retrouvé son calme se penchait de nouveau sur Benjamin et lui faisait entendre ces paroles apaisantes :

— Pardonne-moi de m'être adressé à eux et à quelqu'un qui se trouve au-dessus de nous tous, au lieu de te répondre. Tu m'as demandé dans la simplicité de ton cœur : pourquoi Dieu a-t-il permis qu'on commette un pareil crime contre nous et contre lui-même? Et moi, je te dis dans la simplicité de mon esprit, aussi sincèrement que je le puis: je n'en sais rien. Car nous ne connaissons pas les desseins de l'Eternel et nous ne devinons pas ses pensées. Mais chaque fois que je discute avec lui dans l'exaspération de ma douleur ou dans l'excès de notre commune misère, j'essaye de me consoler en me disant qu'il y a sans doute dans la souffrance une signification qui nous échappe et que chacun de nous expie peut-être une faute. Nul ne peut savoir qui l'a commise. Schelomo le Sage a-t-il été mal avisé en bâtissant un temple à Jéruscholajim, comme si Dieu était un homme et désirait se fixer à un seul endroit et parmi un seul peuple? A-t-il péché en construisant à l'Eternel une demeure trop somptueuse, comme si l'or valait mieux que la piété et le marbre que la constance dans la foi? Avons-nous agi contre la volonté divine en voulant avoir une patrie et un foyer à l'instar des autres peuples, en disant voilà « notre » pays, « notre » temple et « notre » Dieu, comme on dit « ma » main et « mes » cheveux. Peut-être a-t-il détruit le temple et nous a-t-il exilés pour que notre esprit ne s'attache pas à la matière, pour que nous lui restions fidèles d'une manière plus profonde, lui l'Invisible et l'Insaisissable. Peut-être notre véritable destin est-il d'être éternellement en chemin, sans cesse regrettant et désirant avec nostalgie, toujours assoiffés de repos et toujours errants. N'est sacrée en effet que la route dont on ne connaît pas le but et qu'on s'obstine néanmoins à suivre, telle notre marche en ce moment à travers l'obscurité et les dangers sans savoir ce qui nous attend.

L'enfant écoutait toujours. Mais rabbi Eliezer avait fini.

— Ne m'interroge plus à présent. Tes questions dépassent mon savoir. Attends et prends patience. Dieu te répondra peut-être un jour dans ton propre cœur.

Le vieillard se tut. Ils restaient tous là sans parler au milieu du chemin et la nuit les enveloppait de son silence. Ils avaient l'air d'être seuls dans les ténèbres du monde, en dehors du temps.

Soudain l'un d'eux tendit le bras en frémissant. Une angoisse subite venait de le secouer et il faisait signe aux autres de prêter l'oreille. Un murmure traversa l'espace et arriva jusqu'à eux. Ce ne fut d'abord que la note légère d'une harpe, un son grave qui allait en s'amplifiant; mais bientôt le bruit se rapprocha faisait penser à celui du vent ou de la mer, et une bourrasque brève et brutale agita l'air étouffant : les arbres du chemin écartèrent leurs branches comme pour se retenir dans le vide, les buissons chuchotèrent confusément et la poussière se souleva sur la route. On eût dit que les étoiles vacillaient soudain; les vieillards, remués par les propos d'Eliezer sur leur destinée, et pressentant l'approche de Dieu, se demandaient en tremblant s'il n'allait pas tout à coup leur donner la réponse qu'ils désiraient; car il est écrit que Dieu est présent dans le vent de l'orage et qu'il commence à parler au milieu d'un doux murmure. Tous se prosternèrent le front contre terre, l'oreille tendue vers le ciel;

sans le vouloir ils s'étaient pris mutuellement la main pour se soutenir en face du surnaturel et chacun sentait battre le pouls de son voisin à petits coups précipités.

Mais rien n'arriva. La bourrasque tomba aussi brusquement qu'elle avait éclaté et le frissonnement de l'herbe cessa peu à peu. Nulle voix ne s'éleva, aucun bruit ne rompit le silence. Et quand ils détachèrent l'un après l'autre leurs regards du sol ils virent qu'une douce lueur opaline trouait l'obscurité à l'est. Ils reconnurent que ce vent n'était autre que celui qui souffle tous les jours avant l'aube; le miracle quotidien venait de se produire : l'aurore succédait aux ténèbres. Tandis qu'ils restaient là, encore anxieux, la clarté rose s'intensifiait dans le lointain et les pâles contours du paysage déchiraient déjà les sombres voiles qui l'enveloppaient. Ils comprirent alors que la nuit, leur nuit de marche, était terminée.

— Le jour se lève, murmura Abthalion, déçu; disons la prière!

Les vieillards se rapprochèrent. L'enfant, trop jeune encore pour prier, demeura à l'écart et regarda avec émotion. Les anciens prirent dans leur paquet leur manteau de prière et s'en couvrirent la tête et les épaules. Ils attachèrent les théfilines autour de leur front et de leur bras gauche, celui du cœur. Puis ils se tournèrent vers l'orient, dans la direction de Jérusalem, rendirent grâce au

Créateur et récitèrent les dix-huit louanges de sa perfection. Ils psalmodiaient à voix basse et balançaient leurs corps en avant et en arrière, en mesure avec les paroles. Le petit garçon ne comprenait pas tous les mots mais il voyait la ferveur avec laquelle ils se dandinaient au rythme du cantique, comme tout à l'heure les buissons dans le vent de Dieu. Après avoir prononcé un solennel *Amen,* ils s'inclinèrent, replièrent leur « thaless », puis se préparèrent à repartir. Ils semblaient vieillis, ces vieux hommes, dans la lumière grandissante du matin, les rides de leur front et de leur bouche paraissaient plus creuses et le cerne de leurs yeux plus sombre. Pareils à des ressuscités, ils parcouraient en se traînant aux côtés de l'enfant la dernière partie du chemin, la plus pénible.

*
**

Le soleil brûlant de la Campanie était déjà haut quand les Juifs arrivèrent à Portus, où le Tibre déverse tristement ses eaux ternes et jaunâtres dans la mer. Quelques vaisseaux vandales seulement stationnaient encore dans la rade; ils quittaient le rivage l'un après l'autre, leurs voiles triomphalement déployées et leurs larges flancs alourdis de butin. Bientôt il n'y en eut plus qu'un seul à l'ancre; il engloutissait voracement le contenu des derniers chariots. Ceux-ci venaient docilement se faire décharger à tour de rôle, et chaque fois les esclaves escaladaient la passerelle en planches qui accédait au bateau, en portant sur leur tête ou sur leurs brunes épaules de pesants fardeaux : caisses et coffres remplis d'or, amphores pansues pleines de vin. Mais quelle que fût leur célérité, le service n'était pas encore assez rapide au gré du patron du navire et les gardiens stimulaient leur activité à coups de fouet. Enfin le dernier chariot s'arrêta devant la galère; c'était celui que les Juifs avaient suivi toute la nuit et qui contenait le chandelier du temple. Son chargement était recouvert de paille et de bâches, mais les vieillards fixaient sur lui des yeux ardents et un frémissement d'impatience les secouait à l'idée qu'ils allaient voir la menorah. Le moment décisif était arrivé, c'était maintenant ou jamais que le miracle devait se produire.

Les regards de l'enfant ne suivaient pas ceux de ses compagnons. Fasciné, il contemplait la mer qu'il n'avait jamais vue; il admirait ce miroir sans fin d'un bleu lumineux qui s'incurvait jusqu'à la barre mince où les flots touchaient le ciel; cet espace gigantesque lui paraissait encore plus immense que la coupole étoilée de la nuit. Il regardait avec ravissement les vagues jouer ensemble, se poursuivre, se heurter, sauter l'une par-dessus l'autre, puis s'enfuir en écumant avec un petit rire impertinent, pour se reformer sans cesse; ce mouvement joyeux lui faisait découvrir une gaité qu'il n'avait jamais soupçonnée dans la ruelle étroite et sombre de son sordide ghetto. Sa maigre poitrine d'enfant se dilatait violemment et il l'eût voulue plus large encore pour se griser d'air et d'espace, pour laisser son cœur craintif de Juif s'imprégner de cette joie. Un désir irrésistible le poussait à s'avancer tout près de l'eau et à étendre ses petits bras pour presser contre lui un peu de cet infini; hors de lui à la vue de ces merveilles et de cette lumière, il éprouvait un bonheur qu'il n'avait jamais ressenti. Comme tout ici était serein, comme on se sentait libre et délivré d'inquiétude. Les mouettes montaient et descendaient comme de blancs projectiles, et le vent enflait mollement les voiles soyeuses des beaux navires. Soudain, tandis que le jeune garçon penchait la tête en arrière en fermant les yeux, pour humer plus profondément l'air frais et salin, la phrase qu'il avait entendue cette nuit lui revint à l'esprit: « Au commencement, Dieu créa le ciel et la terre. » Et le nom de Dieu que ses parents, que les anciens avaient prononcé la veille lui sembla plein de signification et de réalité.

Un cri le fit sursauter. C'étaient les onze vieillards qui venaient de le pousser d'une seule bouche. L'enfant se réfugia vers eux. On avait enlevé les bâches du dernier chariot, et au moment où les esclaves berbères se baissaient pour en retirer une statue en argent d'Héra pesant plusieurs quintaux, l'un d'eux avait repoussé brutalement du pied le chandelier qui le gênait : celui-ci était tombé et avait roulé sur le sol dans la fange de l'attelage. C'est devant cette profanation du saint emblème que Moïse avait contemplé, qu'Aaron avait béni et qui avait orné la table de l'Eternel dans le temple de Schelomo, qu'était sorti du gosier des anciens ce hurlement de frayeur. Les esclaves noirs levèrent curieusement la tête. Ils ne comprenaient pas pourquoi ces stupides vieillards jetaient des cris aussi perçants et se tenaient les uns les autres par le bras, formant une chaîne vivante et douloureuse : on ne leur avait pourtant rien fait de mal. Mais le fouet du gardien cinglait déjà leur chair nue, et ils replongèrent docilement leurs bras dans la paille du chariot, en sortirent une stèle éblouissante dans sa nudité de porphyre, puis une énorme statue dont une corde entourait le cou et les jambes, qu'ils hissèrent à bord comme de la viande de boucherie. Le véhicule se vidait de plus en plus vite. La menorah éternelle gisait toujours au pied du chariot, à demi-cachée par une roue. Et les vieillards qui se soutenaient mutuellement frémissaient d'un commun espoir. Peut-être que dans leur hâte les brigands l'oublieraient!

Peut-être qu'ils ne la verraient pas! Le miracle de la délivrance allait peut-être se produire au dernier moment!

Mais un des esclaves avisa le flambeau, se baissa, l'empoigna et le mit sur son dos. Ainsi exposé au soleil, il scintillait, il étincelait, il flamboyait et paraissait plus brillant que le jour; pour la première fois de leur vie les anciens voyaient l'objet sacré que leur peuple avait perdu. Hélas! c'était à l'instant même où ils contemplaient l'emblème chéri qu'il les quittait. Le noir calait avec ses mains le chandelier d'or sur ses larges épaules tout en se hâtant vers la traversine branlante; encore quelques pas et la menorah disparaîtrait pour toujours. Comme attirés par une force mystérieuse, les vieillards coururent jusqu'à la passerelle sans se lâcher; leurs yeux étaient noyés de larmes et des mots incohérents, accompagnés de salive, coulaient de leur bouche. Ils avançaient en titubant comme des hommes ivres, le regard éperdu, la lèvre avide, pour déposer au moins un pieux baiser sur la relique. Seul rabbi Eliezer demeurait serein au milieu de la douleur. Sa main serrait celle du petit garçon avec tant de force qu'il faillit crier.

— Regarde! Regarde! lui dit-il, tu seras le dernier à avoir vu notre chandelier! Tu témoigneras qu'on nous l'a pris, qu'on nous l'a volé!

Benjamin ne comprenait pas les paroles

qu'il entendait. Mais il ressentait jusqu'au fond du cœur la souffrance des autres et il devinait qu'il se commettait là une injustice. Une colère enfantine s'empara de lui. Sans savoir ce qu'il faisait, il se libéra de l'étreinte du rabbin et s'élança à la poursuite du noir qui s'engageait précisément sur la passerelle en chancelant sous sa pesante charge. Non, il ne fallait pas que cet étranger emportât le chandelier! Sans réfléchir, il se rua sur le colosse pour lui arracher sa proie.

L'esclave, lourdement chargé, vacilla sous ce choc inattendu. Ce n'était qu'un enfant qui s'accrochait à lui, certes, mais comme il avait déjà de la peine à garder son équilibre sur cette planche étroite et oscillante il bascula dans le vide et tomba en entraînant Benjamin avec lui. En même temps le candélabre lui échappa et s'abattit pesamment sur le bras du jeune assaillant qui éprouva une douleur atroce : il lui sembla que sa chair et ses os étaient broyés et il se mit à jeter des cris déchirants. Mais ils furent couverts par le vacarme général. Tout le monde hurlait en même temps : les Juifs d'épouvante, à la vue de ce nouveau sacrilège, la menorah sacrée roulant à terre une seconde fois; les Vandales, de colère, du haut de leur navire. Le gardien accourut et chassa à coups de fouet la troupe des vieillards. Furieux, le noir s'était relevé et avait repoussé du pied l'enfant gémissant; il rechargea le candélabre sur ses épaules et le porta précipitamment à bord comme un voleur.

Les anciens ne faisaient pas attention à Benjamin. Personne ne remarqua qu'il se tordait sur le sol en geignant, car ils ne regardaient pas à terre. Ils n'avaient d'yeux que pour le chandelier qui remontait en ce moment la passerelle sur le dos de l'esclave, en tendant vers le ciel ses sept coupes comme pour un sacrifice. Ils frémirent en voyant des étrangers s'en emparer d'une main indifférente et le jeter parmi l'autre butin. Puis un coup de sifflet strident retentit, la chaîne de l'ancre cliqueta et, dans la cale invisible où les galériens étaient rivés à leurs bancs, quarante rames se levèrent pour battre l'eau d'un mouvement ferme et régulier. Le vaisseau démarra brusquement. Un flot d'écume blanche balaya le pont de la nef et elle s'éloigna en glissant sur l'eau avec un bruit léger; déjà sa coque brune montait et descendait sur les vagues comme un être vivant. La galère, les voiles ballonnées par le vent, sortait en ligne droite de la rade en direction du large.

Les vieillards regardaient disparaître le vaisseau. Ils s'étaient repris par la main et recommençaient à trembler. Ils avaient tous espéré, en secret, sans se le communiquer, qu'un miracle était encore possible. Mais le bâtiment, doucement poussé par la brise, continuait à fendre l'onde; plus sa silhouette diminuait au loin, plus l'espérance s'affaiblissait en leurs cœurs et se perdait dans l'océan de leur tristesse. Déjà le bateau n'apparaissait guère plus grand que les ailes d'une mouette; finalement — les larmes assombrissaient leur vue — ils n'aperçurent plus que l'immensité bleue. Plus d'espoir! Le chandelier, perdu à jamais, recommençait ses lointains, ses éternels voyages!

C'est alors seulement que, détournant leurs yeux de la mer, ils se souvinrent de Benjamin qui, le bras fracassé, étendu à l'endroit où le candélabre l'avait renversé dans sa chute brutale, se lamentait misérablement. Ils relevèrent le blessé et le couchèrent sur une civière de fortune. Tous avaient honte que cet enfant eût fait ce qu'aucun d'eux n'avait osé, et Abthalion appréhendait l'heure où il ramènerait son petit-fils estropié à sa femme et à sa fille. Mais Eliezer, le Pur et Serein, les consola en leur disant :

— Ne vous lamentez pas et ne le plaignez pas! Rappelez-vous l'Ecriture : Dieu fit mourir l'homme qui avait soutenu l'arche de sa main, parce qu'il ne veut pas que nous touchions aux choses saintes. Mais il a épargné cet enfant et n'a frappé que le bras. Peut-être y a-t-il dans cette souffrance une bénédiction et une prédestination.

Puis se courbant avec tendresse sur l'enfant qui geignait il lui dit ces paroles d'encouragement :

— Ne lutte pas contre ton mal, mais prends

le en toi. La douleur elle aussi est un héritage. Ce n'est que grâce à elle que notre peuple vit, c'est dans sa misère qu'il puise sa force créatrice. Il t'est arrivé quelque chose d'inouï : tu as touché l'objet sacré, et si ton corps a été atteint, ta vie est sauve. Peut-être cette souffrance a-t-elle fait de toi un élu et y a-t-il un sens caché dans ta destinée.

Le jeune garçon leva vers lui un regard ferme et plein de foi. L'orgueil que le vieillard suscitait en son âme était plus fort que sa cuisante douleur. Et ses lèvres ne laissèrent plus échapper la moindre plainte jusqu'au seuil du logis paternel.

***

Des années tourmentées ont passé sur Rome depuis cette nuit tragique; plus d'événements se sont déroulés dans l'espace d'une vie humaine que n'en voient d'ordinaire sept générations. Quatre empereurs ont régné : Avitus Majorien, Libius Severus et Anthème, celui-ci chassant ou assassinant celui-là. D'autres peuplades germaniques prirent la ville et la pillèrent. On investit et destitua de nouveaux empereurs (toujours dans l'intervalle d'une vie humaine), puis vinrent les derniers Césars, Licère, Julius Nepos et Romulus Augustule, qui durent faire place à Odoacre et Théodoric, de rudes guerriers nordiques. Mais, bien que soumis à une discipline de fer, l'empire de ceux-ci, qu'ils voulaient éternel, s'écroulait lui aussi et disparaissait au cours de la même génération, cependant qu'au delà des mers, à Byzance, une autre Rome s'édifiait. On eût dit que depuis le départ de la menorah il ne dût plus y avoir de paix ni de repos pour la cité millénaire des bords du Tibre.

*
**

La mort avait emporté depuis longtemps Abthalion et ses amis; leurs enfants étaient sous terre et leurs petits-enfants avaient déjà des cheveux blancs. Un seul témoin de la nuit fatale vivait encore : Benjamin. L'enfant était devenu un adolescent, l'adolescent un homme, et celui-ci un vieillard. Sept de ses fils étaient dans la tombe et un de ses petits-fils avait trouvé la mort lors de l'incendie de la synagogue allumé par la populace sous le règne de Théodoric. Lui seul, avec son bras abîmé, était encore en vie; comme l'arbre robuste qui se dresse solitaire dans la forêt au milieu des troncs abattus par la tempête, l'aïeul résistait au temps et voyait mourir les empereurs et s'effondrer les empires. La faux le respectait et son nom était grand et presque sacré parmi les Juifs de la terre. Ils l'appelaient Benjamin Marnefesch, à cause de son bras brisé, ce qui signifiait : l'homme que Dieu a rudement éprouvé, et ils le révéraient plus que tout autre. Car il était le dernier qui eût vu de ses propres yeux le chandelier de Moïse, le candélabre du temple de Schélomo, la menorah, qui, privée de sa lumière, languissait dans les ténèbres du trésor des Vandales. Chaque fois que des marchands de Livourne, de Gênes, de Salerme, de Mayence et de Trèves arrivaient à Rome, leur première visite était pour celui qui avait vu la sainte relique. Ils se prosternaient devant le vieillard comme devant une image pieuse et effleuraient du doigt la main qui avait touché le flambeau de Dieu. Bien que tous sussent ce qui était arrivé cette nuit-là à Benjamin Marnefesch, — à cette époque la parole parcourait aussi sûrement le monde qu'aujourd'hui l'écriture — ils ne manquaient jamais de lui demander de faire le récit de son voyage. Et lui, avec une inlassable patience, leur contait l'embarquement du chandelier; une lueur brillait dans sa barbe touffue lorsqu'il leur répétait ce que lui avait prédit rabbi Eliezer, le Pur et Serein, dont le corps reposait depuis longtemps dans la terre. Il les exhortait à ne pas perdre courage, car les pérégrinations du saint emblème n'étaient pas terminées; le chandelier retournerait à Jeruscholajim, les Juifs se rassembleraient de nouveau autour de la menorah retrouvée. Ils se séparaient alors de lui réconfortés et priaient pour qu'il demeurât de longues années encore au milieu de son peuple.

Et Benjamin l'Eprouvé, l'enfant de cette nuit lointaine, avait atteint quatre-vingt-sept ans. Ses épaules se courbaient peu à peu sous le poids de l'âge, sa vue se troublait et il se sentait las au milieu du jour. Mais aucun des Juifs de Rome ne voulait croire que la mort eût prise sur lui, car son existence était pour eux la garantie d'un grand avenir. Il leur était impossible de s'imaginer que ces yeux qui avaient vu le flambeau de l'Eternel pussent s'éteindre avant d'avoir assisté au retour de la menorah et ils considéraient sa présence comme une marque de la volonté divine. Il était de toutes les fêtes, on prononçait son nom dans toutes les cérémonies religieuses. Quand il passait, les plus âgés s'inclinaient pieusement devant lui, chacun récitait le verset de la bénédiction sur son passage et lorsqu'on se rassemblait pour pleurer ou pour se réjouir la place d'honneur lui était réservée.

*
**

Les Juifs de Rome s'étaient réunis, ainsi que le veut l'usage, en ce jour du neuvième Ab, de sinistre mémoire, qui est l'anniversaire de la destruction du temple et de la dispersion comme une poignée de sel de leurs pères à travers le monde; Benjamin Marnefesch occupait comme d'habitude la place due au plus ancien et au plus digne de la communauté. Ils ne se tenaient pas dans la synagogue, récemment profanée par la populace hostile; ils avaient préféré en ce triste jour être auprès de leurs morts, en dehors de la ville, sur ce coin de terre étrangère où étaient enterrés leurs pères, pour se plaindre les uns aux autres de l'exil dont ils souffraient. Ils étaient là assis entre les tombes, quelques-uns sur des pierres à demi brisées. Ils se sentaient à côté de leurs ancêtres, héritiers des mêmes peines, et ils lisaient sur les dalles leurs noms et leurs louanges. Plusieurs d'entre elles portaient, gravés au-dessus du nom, des signes symboliques : deux mains croisées, insignes de la prêtrise, la cruche aux ablutions des lévites, un lion, l'étoile de David. Le chandelier à sept branches était représenté en effigie sur l'une des dalles verticales, pour attester que celui qui dormait là du sommeil éternel avait été un sage, une lumière dans Israël. C'était devant elle que Benjamin Marnefesh se tenait au milieu des siens, la tête couverte de cendres et les vêtements déchirés ainsi que les autres Juifs, tous penchés comme des saules sur le flot noir de leurs souffrances.

L'après-midi était avancé, le soleil s'enfonçait obliquement derrière les pins et les cyprès. Des papillons multicolores voltigeaient autour des Juifs accroupis comme autour de troncs d'arbres vermoulus, les libellules aux ailes irisées se posaient sans crainte sur leurs épaules inclinées et les scarabées couraient sur leurs pieds dans l'herbe grasse. Une brise parfumée agitait les feuillages aux ors éclatants, un crépuscule d'une douceur exquise se préparait; mais les Juifs ne levaient pas les yeux et restaient plongés dans leur tristesse, sans cesse ils se rappelaient la déchéance de leur peuple dans une plainte commune. Ils ne mangeaient pas, ils ne buvaient pas; ils n'accordaient pas un regard à la clarté du jour. Ils ne faisaient que se réciter les Lamentations sur la destruction du temple et la ruine de Jérusalem; car bien que chaque mot de ce cantique douloureux les eût pénétrés depuis longtemps comme un fer rouge jusqu'au fond de l'âme, les fidèles se les répétaient sans répit pour aviver leurs souffrances et pour sentir à tout moment celles-ci leur briser le cœur. Ils ne voulaient éprouver que de la douleur en ce sombre jour, et ils augmentaient leur tristesse et leur affliction en se remémorant les chagrins et les peines des morts. Ils se redisaient les uns aux autres le lourd destin de leur peuple et les tourments du passé. Ils n'étaient point du reste les seuls Juifs qui s'abîmassent ainsi dans la douleur. Dans toutes les villes et les communautés de la terre, les autres Juifs étaient comme ceux de Rome accroupis ou assis auprès des tombes des leurs, les cheveux couverts de cendres et les vêtements en lambeaux; d'un bout à l'autre du monde, à la même heure, ils priaient et récitaient les mêmes Lamentations de Jérémie : l'histoire de la chute de Sion, la fille de Dieu, devenue la risée des peuples. Ces plaintes douloureuses que leur arrachait leur commun exil étaient, ils le savaient, leur seul lien sur la terre.

Tandis que Benjamin l'Eprouvé et ses amis priaient, gémissaient et se déchiraient le cœur avec le souvenir de leur souffrance, ils ne s'apercevaient pas que le soleil se dorait davantage et que les troncs des pins et des cyprès, comme éclairés par une lumière intérieure, commençaient à s'embraser. Ils ne remarquaient pas que le neuvième Ab, le jour du grand deuil, s'achevait lentement et que l'heure de la dernière prière approchait. Soudain la porte rouillée du cimetière grinça. Ils avaient bien entendu que quelqu'un était entré, mais ils ne se dérangèrent pas, et l'étranger attendit en silence que l'oraison fût terminée. C'est alors seulement que le chef de la communauté leva les yeux vers l'arrivant et le salua :

— Béni soit celui qui vient vers nous ! Que la paix soit avec toi, Juif !

— Bénis soient ceux qui sont ici ! répondit l'inconnu.

Puis le chef demanda :

— D'où viens-tu et de quelle communauté es-tu ?

— Celle à laquelle j'appartenais n'existe plus. Je me suis enfui de Carthage sur un vaisseau. De grandes choses sont arrivées. L'empereur Justinien a envoyé de Byzance une armée contre les Vandales, et Bélisaire, son général, a forcé le repaire des pirates. Leur roi est prisonnier, son royaume est anéanti. Bélisaire s'est emparé de tout ce que les pillards ont volé depuis des années et des années et l'emporte à Byzance. La guerre est finie.

Les Juifs le regardaient avec indifférence, sans rien dire, sans bouger. Qu'était-ce pour eux que Carthage et Byzance? — Edom et Amalek, les ennemis de toujours! Ces peuples païens se livraient éternellement et stupidement à la guerre. Tantôt c'était l'un qui triomphait, tantôt l'autre, et jamais la justice. Que leur importait tout cela! Leurs cœurs ne se souciaient point de Carthage, de Rome ou de Byzance. Il n'y avait qu'une ville qui comptât pour eux : Jeruscholajim!

Pourtant Benjamin Marnefesch releva vivement la tête :

— Et le chandelier?

— Il est indemne. Mais Bélisaire l'a pris et j'ai entendu dire qu'il le transportait à Byzance avec tout le butin qu'il a fait.

Tous sursautèrent. Ils comprenaient la question de Benjamin : le candélabre sacré allait recommencer ses pérégrinations. La nouvelle fit l'effet d'une torche enflammée dans la nuit de leurs tristesse. Ils se relevèrent brusquement, enjambèrent les tombes, entourèrent l'étranger en pleurant et sanglotant :

« Hélas! A Byzance!... Il va revoyager! retraverser la mer !... Ils recommenceront à le traîner en triomphe comme l'a fait Titus le maudit !... quand le reverra-t-on à Jeruschołajim !... Le malheur nous poursuit ! »

On venait de leur plonger un fer rouge dans une blessure ancienne. L'inquiétude et l'angoisse assombrissaient leurs regards : le déplacement des objets sacrés ne signifiait-il pas pour eux l'obligation de se déplacer également, de s'exiler encore, d'aller de nouveau à la recherche d'une autre patrie, qui n'était jamais la leur. Il en était ainsi depuis la destruction du temple, et leur existence s'en trouvait constamment bouleversée. La nouvelle douleur venait brutalement s'ajouter à celle du passé. Tout le monde sanglotait, gémissait, criait, au point que les petits oiseaux, paisiblement perchés sur les pierres antiques, s'envolèrent effarouchés devant ces hommes turbulents.

Le vieux Benjamin était resté assis et gardait le silence pendant que les autres s'agitaient et se désolaient. Il avait joint les mains inconsciemment et souriait comme dans un rêve à l'image de la menorah. Un reflet de sa jeunesse illumina tout à coup le visage ravagé du vieillard, ses rides s'effacèrent, sa bouche prit une expression plus douce; ainsi penché sur lui-même, son sourire semblait gagner tout son corps.

Finalement l'un d'eux le remarqua et eut honte de ne s'être pas contenu. Il cessa de gesticuler et, frappé de respect, toucha légèrement le bras de son voisin. L'un après l'autre tous se turent regardant le vieillard dont le bonheur faisait l'effet d'un baume sur leur souffrance. Tout devint calme comme chez les morts dont les tombes se dressaient autour d'eux dans le crépuscule.

Ce silence absolu avertit Benjamin qu'on l'observait. Il se souleva péniblement — il était bien faible — du bloc de pierre sur lequel il était assis; debout, il leur parut tout à coup doué d'une vigueur nouvelle, avec sa barbe d'argent touffue et ses cheveux bouclés qui retombaient en flammèches blanches autour de sa petite calotte de soie. Ils n'avaient jamais autant senti qu'en ce moment que Marnefesch était un envoyé du Ciel. Il se mit à parler, et il y avait dans ses paroles le pieux accent de la prière.

— Je sais à présent la raison qu'avait Dieu de me laisser vivre aussi longtemps. Je me suis toujours demandé pourquoi mes mains rompaient encore le pain, pourquoi la mort m'épargnait, moi, vieillard las et inutile, qui n'aspire plus qu'au repos. Déjà je me décourageais de voir l'excès des maux qui accablaient notre peuple et ma confiance se lassait. Je comprends maintenant le devoir qui m'incombe encore en cette vie. J'ai vu le commencement, la fin m'appelle aujourd'hui.

Ils écoutaient respectueusement ses paroles obscures.

Enfin le chef de la communauté lui demanda doucement :

— Que vas-tu faire?

— Je crois que Dieu m'a conservé la vie et la vue afin que je voie encore une fois le chandelier. Il faut que j'aille à Byzance. Peut-être le vieillard réussira-t-il où l'enfant a échoué? Peut-être délivrerai-je la menorah?

Tous tremblaient d'émotion et d'inquiétude. Certes il leur semblait invraisemblable que ce vieillard fragile pût reprendre le chandelier sacré au plus puissant empereur de la terre, et pourtant il était si séduisant de croire à ce miracle! Mais quelqu'un s'enquit avec sollicitude :

— Comment pourras-tu supporter un si grand voyage? Songe qu'il te faudra passer trois semaines en mer, en plein hiver! Je crains que tu ne sois pas assez fort pour endurer une pareille fatigue!

— On est toujours assez fort quand il s'agit d'une cause sacrée! Lorsque jadis les anciens m'emmenèrent avec eux, ils pensaient aussi que le chemin serait trop fatigant pour l'enfant que j'étais, et pourtant je l'ai parcouru jusqu'au bout. Toutefois, à cause de mon bras estropié, il est nécessaire que quelqu'un de robuste m'accompagne pour m'assister en cours de route, quelqu'un de jeune dont le témoignage servira aux générations futures comme le mien a pu vous servir.

Il fouilla des yeux l'assistance, examina un

à un les jeunes gens, comme s'il voulait les éprouver. Chacun d'eux frémissait sous ce regard scrutateur qui les pénétrait jusqu'au fond du cœur. Tous désiraient être choisis pour cette mission, pourtant ils étaient trop timides pour se proposer. Ils attendaient, l'âme bouleversée.

Mais le vieillard embarrassé baissa la tête et murmura :

— Non, je ne veux pas choisir. Ce n'est pas à moi de décider. Tirez au sort. Dieu m'indiquera celui que je dois prendre.

Les adolescents se groupèrent, cueillirent des brins d'herbe dans le gazon touffu des tombes, en firent des morceaux d'inégale grandeur et se les partagèrent. Le sort tomba sur Joachim ben Gamaliel, un grand et robuste garçon de vingt ans, forgeron de son état, mais qui n'était pas aimé parce qu'il ignorait l'Ecriture et était d'un naturel violent. Du sang souillait ses mains; il avait tué un Syrien à Smyrne dans une querelle et était venu se réfugier à Rome. Dépités, les autres s'étonnaient en silence que le sort eût désigné cet emporté et ce brutal putôt qu'un homme pieux et soumis. Mais l'ancien regarda distraitement l'élu qui sortait du rang :

— Prépare tout ce qu'il faut, lui ordonna-t-il. Nous partons demain soir.

La communauté passa le lendemain du neuvième Ab dans une agitation fébrile. Tous les Juifs délaissèrent leurs propres affaires, chacun recueillait et apportait de l'argent, ceux qui étaient pauvres empruntaient sur gage, et les femmes donnaient leurs boucles et leurs bijoux. Car en eux la croyance grandissait de plus en plus que Benjamin était prédestiné à tirer la menorah de sa nouvelle prison. Ils passèrent le jour et la nuit à écrire à toutes les communautés de l'Orient, à Smyrne, en Crête et à Salonique, à Tarsos, à Nycée et à Trébizonde pour leur demander d'envoyer des délégués au pays de l'empereur Justinien et de réunir des fonds afin que s'accomplisse la sainte délivrance. Ils invitaient leurs frères de Byzance et de Galata à aplanir la voie à Benjamin Marnefesch qui était appelé à accomplir de grandes choses. En même temps, les femmes apprêtaient des manteaux et des coussins pour le voyage de l'ancien, aussi des aliments afin qu'aucun contact impur ne souillât les lèvres de ce juste sur le bateau. Et bien qu'il fût interdit aux Juifs de Rome d'aller à cheval ou en voiture, ils arrêtèrent un véhicule en dehors des portes pour que le vieillard ne fût pas fatigué avant de s'embarquer.

Mais à leur grand étonnement Benjamin refusa d'y prendre place. Il s'obstina à vouloir faire la route de Portus à pied, comme il l'avait effectuée, enfant délicat, plus de quatre-vingts ans auparavant. Il leur paraissait plus que téméraire de la part d'un vieillard débile de vouloir marcher jusqu'à la mer. Ils le regardèrent avec stupéfaction : sa mission semblait l'avoir transformé. On eût dit que ses membres avaient retrouvé pendant la nuit leur vigueur et son sang une chaleur nouvelle. Sa voix d'ordinaire lasse et grêle était devenue forte et hautaine lorsqu'il repoussait leurs prévenances presque avec colère.

Toute la nuit les Juifs de Rome escortèrent Benjamin Marnefesch, l'élu de la communauté, le long de la route que leurs aïeux avaient faite autrefois pour accompagner le chandelier de Dieu. Ils avaient emporté secrètement une civière pour porter le vieillard au cas où ses forces viendraient à faiblir avant l'arrivée. Mais celui-ci marchait gaillardement, précédant tout le monde. Il ne parlait à personne, son esprit tout entier appartenait au passé. A chaque tournant, à chaque pierre du chemin qu'il n'avait plus parcouru depuis la fameuse nuit, l'heure solennelle de son enfance se montrait à lui avec une netteté de plus en plus grande. Tout lui rappelait ce qui s'était passé alors, il entendait la voix des morts dans le vent tiède de la nuit, les paroles de chacun lui étaient présentes à l'oreille. Ici, à droite, une colonne de feu s'était échappée d'une maison en flammes; là, devant cette borne milliaire ils s'étaient arrêtés, le cœur défaillant, quand les cavaliers numides avaient fondu sur eux. Il se remémorait chaque question qu'il avait posée, chaque réponse de rabbi Eliezer. Et quand il arriva à l'endroit où les vieillards avaient dit la prière du matin sur le bord de la route, il prit son thaless et ses théfilines ; puis, se tournant vers l'Orient, il récita la même prière que récitaient ses pères et ses aïeux et que répéteraient instinctivement, mystérieusement transmise de génération en génération, ses enfants, ses petits-enfants et leurs descendants les plus lointains.

Derrière lui, ses compagnons s'étonnaient, ne comprenant rien à ses étranges façons. On était en effet plus près de l'automne que lors de la première expédition; le jour était encore loin et nulle lueur matinale n'apparaissait dans le ciel. Comment un juste pouvait-il se permettre de dire la prière du matin avant l'aube? C'était contraire à tous les usages, en violente opposition avec la tradition et l'Ecriture. Malgré tout, ils restaient respectueusement groupés autour de lui. Car rien de ce que faisait cet élu ne pouvait être mal. Tout lui était permis en ce moment, ils en avaient la certitude, et s'il remerciait Dieu d'avoir créé la lumière avant qu'elle fût là, c'est que cela était bien.

L'oraison terminée, le vieillard replia son écharpe et se remit vaillamment en marche, comme si ces ferventes paroles l'avaient délassé. Quand ils arrivèrent enfin au port, il regarda longuement la mer qui s'étendait à perte de vue; l'enfant d'autrefois, mort depuis longtemps en lui, l'enfant qui contemplait pour la première fois les flots et l'espace, revivait dans son âme. C'était la même mer qu'il y avait quatre-vingts ans : profonde et impénétrable comme les pensées de Dieu, songea-t-il pieusement. Ses yeux, comme jadis, brillaient de la clarté du ciel. Il bénit tous ses compagnons qu'il quittait pour toujours; puis il monta avec Joachim sur le bateau. Et comme autrefois leurs pères et leurs grands-pères, les Juifs de Rome regardèrent avec une profonde émotion le galion se soulever et s'éloigner du rivage, les voiles déployées. Ils savaient qu'ils ne reverraient plus l'Eprouvé, et quand la voilure disparut dans le lointain, ils se sentirent malheureux et désemparés.

Cependant le vaisseau fendait puissamment les flots. Les vagues écumaient avec violence et de sombres nuages accouraient de l'ouest. Les matelots redoutaient un grain et son cortège de dangers. Mais bien que secoué par les vents et déporté deux fois de sa route, le bateau surmonta toutes les difficultés et aborda sain et sauf à Byzance, trois jours après que Bélisaire eût ramené d'Afrique son butin.

***

Depuis que Rome avait perdu son sceptre, Byzance était devenue la maîtresse de l'univers. Elle fourmillait ce matin-là de monde, car cette cité, qui préférait les fêtes et les plaisirs à Dieu et à la justice, promettait d'offrir, au cirque, un spectacle d'une magnificence inaccoutumée : Bélisaire, le vainqueur des Vandales, devait y présenter à l'empereur, au « basiléus » son armée victorieuse et le butin qu'il avait rapporté de Carthage. Une foule énorme se pressait dans les rues pavoisées cependant qu'une masse noire grondait et mugissait comme une mer houleuse dans l'enceinte gigantesque de l'hippodrome. L'assistance était impatiente. La tribune impériale, entourée de colonnes et luxueusement décorée, la « Kathisma », que l'immense surface ovale enfermait comme un œuf dans sa coquille, était vide. L'empereur n'avait pas encore paru à l'entrée du tunnel qui la reliait au palais.

Enfin des fanfares éclatantes annoncèrent cet instant solennel. D'abord les soldats de la garde se mirent en rang formant avec leurs tuniques écarlates et leurs épées étincelantes un fond rutilant; ensuite arrivèrent les hauts dignitaires de la cour dans leurs vêtements de soie bruissante suivis des prêtres et des eunuques. Finalement, Justinien « l'Autocratos », la tête ceinte d'une couronne d'or, et Théodora dans le resplendissement de ses bijoux firent leur apparition, portés sur des litières recouvertes d'un dais. A peine eurent-ils pris place dans la loge qu'une explosion d'allégresse souleva les gradins. On ne se souvenait plus que quelques années auparavant, dans ce même lieu, la foule avait assailli ce même empereur assis dans cette même tribune et que, par représailles, trente mille personnes y avaient été égorgées; toujours le succès efface les fautes aux yeux de la foule éternellement oublieuse. Enivrée par tout ce luxe et par l'ardeur de son propre enthousiasme, elle criait, elle hurlait sa joie dans cent langues diverses, à en faire trembler les murs de pierre. C'était toute une ville, une nation entière qui vibrait à la vue de ce fils de paysan macédonien et de cette femme gracieuse qui naguère là-même offrait la nuit son corps nu de danseuse à ceux qui voulaient l'acheter. Cela aussi on l'avait oublié, comme toutes les infamies après la victoire, comme toutes les violences après le triomphe.

Mais là-haut, sur les terrasses, dominant le flot noir de la populace bruyante qui applaudissait le vainqueur avec une platitude écœurante, un autre peuple se dressait, silencieux et immobile : la foule des statues de la Grèce, brillantes et nues, qu'on avait enlevées à leurs temples paisibles de Palmyre et de Cos, de Corinthe et d'Athènes, qu'on avait arrachées à leurs arcs de triomphe et à leurs colonnes de marbre. Inaccessibles aux passions fragiles des hommes, plongées dans la rêverie infinie de leur beauté, elles se tenaient là, muettes et impassibles, indifférentes et insensibles aux choses humaines. Dédaignant les jeux sanglants qui se déroulaient à leurs pieds, elles contemplaient l'immensité bleue de la mer, dont les vagues limpides se brisaient contre la rive du Bosphore.

Soudain de nouvelles fanfares stridentes et toutes proches annoncèrent que le cortège du général était aux portes de l'Hippodrome. Elles s'ouvrirent; le grondement déjà faiblissant de la multitude se changea aussitôt en un tonnerre d'acclamations à la vue des cohortes de fer de Bélisaire qui avaient fondé l'empire, vaincu tous les ennemis et lui permettaient de s'amuser aux spectacles en toute sécurité! L'enthousiasme s'accrut encore en présence du butin, des trésors de Carthage, qui formaient derrière les vainqueurs un défilé interminable. Venaient d'abord d'imposants chars de triomphe, jadis volés par les Vandales; ensuite, portés sur des tréteaux élevés, des trônes, des autels de dieux inconnus enrichis de joyaux, des statues resplendissantes, créées au nom de la beauté par des artistes ignorés; puis des coffres remplis jusqu'au bord d'or et de coupes, de vases et d'étoffes de soie. Tout ce que cette race de pirates avait pillé aux quatre coins de l'univers lui avait été repris et appartenait maintenant à l'empereur, à l'empire! Le peuple exultait en présence de ces merveilles, s'imaginant dans sa crédule ivresse que toutes ces richesses, toutes ces magnificences lui appartenaient à tout jamais.

La foule ne remarqua pas alors certains objets qui faisaient bien pâle figure au milieu de tant de splendeurs : une table étroite plaquée d'or, deux trompettes d'argent et un chandelier à sept branches. Nul cri d'enthousiasme ne s'éleva au passage de leurs porteurs. Mais à ce moment-là un vieillard gémit et étreignit dans sa main gauche le bras de son voisin : c'était Benjamin, qui revoyait quatre-vingts ans plus tard ce qu'avait vu l'enfant, le candélabre sacré de la maison de Schélomo, le chandelier que sa menotte avait voulu empoigner et qui lui avait brisé le bras pour toujours. Vision sublime : c'était bien lui! L'éternel flambeau continuait à travers les siècles sa marche irrésistible et faisait un nouveau pas vers la patrie! La grâce de cette rencontre fit au vieillard l'effet d'une tempête intérieure : il ne put réfréner davantage l'excès de sa joie et il s'écria avec chaleur : « Il est à nous! A nous! pour l'éternité! »

Mais personne, pas même ses voisins, n'entendit ce cri isolé. A ce moment-là, une seule et unique exclamation de joie s'échappait de la foule. Bélisaire, le vainqueur, était entré dans l'arène. Il s'avançait bien loin derrière les chars de triomphe et le butin innombrable dans la simple tenue de ses soldats, mais le peuple avait reconnu son héros et criait son nom si fort et rien que son nom que Justinien se mordit les lèvres de jalousie quand son général s'inclina devant lui.

Puis le silence se fit soudain, aussi intense, aussi vibrant que l'avait été le bruit. Gélimer, le roi des Vandales, vêtu par dérision d'un manteau de pourpre, suivait son vainqueur et venait de s'arrêter devant l'empereur. Les esclaves le dépouillèrent de son manteau et le vaincu se jeta à terre. Pendant une minute, cent mille personnes retinrent leur souffle. Tous dévoraient des yeux la main du basiléus. Ferait-il grâce ou non? Son doigt allait-il se lever ou s'abaisser? Il l'éleva finalement : le vaincu avait la vie sauve, et l'enthousiasme s'exhala dans un tonnerre d'applaudissements. Seul dans la foule Benjamin, bouleversé, n'avait pas prêté attention à ce qui se passait. Il ne voyait que la menorah, qui s'éloignait dans l'arène sur les bras des porteurs. Il n'avait d'yeux que pour elle; et lorsque l'objet sacré disparut avec le cortège, il lui sembla que sa vue s'obscurcissait.

« Emmène-moi! » murmura-t-il à Joachim que fascinait l'éclat de ce spectacle unique au monde. La main dure et osseuse du vieillard se cramponnait à son bras. « Emmène-moi! Emmène-moi! » Il marchait à tâtons à travers la ville comme un aveugle, en donnant la main à son compagnon; il continuait d'apercevoir le chandelier avec les yeux de l'âme, et, impatient d'arriver, il pressait Joachim de le conduire au plus vite à la communauté juive. Voyant que le commencement et la fin se rejoignaient, la peur l'avait pris tout à coup de mourir avant de pouvoir sauver la menorah.

*
**

Depuis des heures et des heures la communauté attendait avec impatience son hôte illustre à la synagogue de Pera. De même que les Juifs de Rome étaient tenus de résider sur l'autre rive du Tibre, on ne permettait à ceux de Byzance que d'habiter ce faubourg, de l'autre côté de la Corne d'Or. Là comme ailleurs la relégation était leur lot, mais aussi le secret de leur survivance.

La salle exiguë regorgeait de monde. Car les Juifs de Byzance n'étaient pas les seuls à attendre; les communautés de Nycée, Trébizonde, Odessa, de Smyrne et de Thrace, les plus éloignées comme les plus proches avaient envoyé des délégués pour prendre part au conseil et aux événements. Tous les ghettos des villes de la côte savaient depuis longtemps que Bélisaire avait forcé le repaire des Vandales et que l'immortel chandelier faisait partie du butin ramené; et il n'y avait pas un Juif dans l'empire byzantin qui n'eût appris cette nouvelle sans émotion. Car bien qu'éparpillé comme de la vannure sur l'aire du monde et séparé par la diversité des langues, le peuple d'Israël en entier prenait toujours part à ce qui arrivait d'heureux ou de malheureux à ses emblèmes sacrés. Ces cœurs souvent si ingrats et si durs les uns envers les autres palpitaient fraternellement au moindre danger extérieur. L'injustice et les persécutions n'ont d'ailleurs cessé de forger ce lien de fer qui maintient aujourd'hui encore le tronc brisé de leur unité et l'empêche de pourrir et de s'écrouler; plus les coups du sort ont été rudes, plus l'union de leurs âmes s'est resserrée. Cette fois encore la nouvelle que la menorah, le flambeau du temple, avait été délivrée de sa prison et recommençait ses pérégrinations intéressait les Juifs autant que leur propre destin. Chez eux, dans la rue, ils discutaient avec véhémence, commentaient l'Ecriture en compagnie de leurs docteurs et de leurs sages, pour pénétrer le sens de ce voyage. Que signifiait-il? Fallait-il espérer, fallait-il craindre? Présageait-il de nouvelles persécutions ou bien leur fin? Allaient-ils redevenir les proscrits, les pèlerins sans pèlerinage, les éternels vagabonds d'hier, maintenant que la menorah s'était remise en route? Ou bien sa délivrance était-elle le signal de la leur, le départ et le retour, la fin tant espérée de leur fatal exode? Leurs âmes brûlaient d'impatience. Des messagers couraient de tous côtés pour en apprendre davantage sur le voyage du chandelier et sur sa destination; grande fut leur tristesse quand ils surent que, comme jadis à Rome, la plus chère des reliques du temple allait défiler dans le cortège triomphal devant l'empereur.

Déjà cette chose avait remué tous les cœurs. Mais l'émotion avait pris des proportions énormes quand la communauté romaine leur fit savoir que Benjamin Marnefesch faisait route pour Byzance. Ils ne se possédaient plus. Tous les Juifs connaissaient de longue date, aussi loin qu'ils fussent dispersés, l'exploit merveilleux de cet enfant de sept ans, qui, lors du sac de Rome par les Vandales, avait cherché à arracher aux pirates le chandelier, qui, en tombant, lui avait brisé le bras. Toutes les mères parlaient à leurs enfants, tous les maîtres à leurs élèves de Benjamin l'Eprouvé, de celui que Dieu avait frappé. Sa prouesse était devenue depuis longtemps une pieuse légende pareille à celles qu'on lisait et qu'on apprenait dans l'Ecriture. On la racontait à la veillée comme celles du passé, comme les hauts faits joyeux ou tristes, de Ruth et de Samson, d'Aman ou d'Esther, des mères et des ancêtres vénérés du peuple. Et voici que cette nouvelle merveilleuse, incroyable, éclatait : l'enfant de jadis vivait encore! Mieux, cet enfant, aujourd'hui un vieillard, faisait route vers eux, traversait les mers pour revoir le chandelier. Sûrement, c'était là un présage! Ce ne pouvait être en vain que Dieu avait prolongé l'existence de ce sage au-delà des limites ordinaires de la vie. Peut-être était-il prédestiné à rapatrier l'objet sacré et Israël avec lui. Plus ils délibéraient entre eux, plus leurs doutes s'effaçaient; la croyance en la venue du Sauveur, du Rédempteur, toujours prête à se réveiller, qui sommeille dans le cœur de tout

Juif, s'épanouissait et fécondait leurs âmes. Dans les villes et les villages on regardait les Juifs avec étonnement tant ils avaient changé en une nuit. Ces hommes d'habitude si humbles et si craintifs, toujours sous l'appréhension d'un coup ou d'une injure, marchaient allégrement et dansaient comme des illuminés. les avares se livraient à de folles dépenses, les timides se levaient et annonçaient avec éloquence la venue de temps meilleurs; les femmes enceintes avaient des visions et se traînaient sur le marché pour se hâter de les révéler aux autres, et les enfants portaient des couronnes et des drapeaux multicolores. Les plus convaincus commençaient même à vendre leurs biens, pour avoir des mulets et des chariots sous la main et ne pas perdre de temps en préparatifs le jour où retentirait le signal du retour. Ne devaient-ils pas se mettre en route quand le chandelier voyageait par le monde? Celui qui avait naguère accompagné l'objet sacré n'était-il pas en chemin? Un présage, un miracle comme celui-ci s'était-il jamais manifesté de leurs jours?

Les communautés, averties à temps, avaient chacune désigné un des leurs pour assister à l'arrivée de la menorah à Byzance et donner son avis. Les hommes ainsi choisis frémissaient de joie et bénissaient l'Eternel. Boutiquiers modestes et humbles artisans pour la plupart, dont l'existence obscure et médiocre s'écoulait au milieu de difficultés et de dangers quotidiens, ils étaient ravis à la pensée de participer à un événement aussi merveilleux et de voir l'homme dont Dieu avait manifestement prolongé la vie pour qu'il accomplît l'acte libérateur. Ils achetèrent ou empruntèrent de somptueux habits, comme s'ils étaient conviés à une grande fête; ils jeunèrent, se baignèrent et prièrent tous les jours précédant leur départ pour recevoir leur mission purs de corps et d'esprit. Et lorsqu'ils se mirent en route, la communauté de leur ville ou de leur village les escorta pendant une journée. Ils logèrent en chemin chez de pieuses personnes qui recueillirent de l'argent pour le rachat du chandelier. Ces petits émissaires d'un peuple faible et misérable marchaient d'un air fier et mystérieux comme s'ils eussent été les ambassadeurs d'un puissant monarque; quand ils se rencontraient et poursuivaient ensemble leur voyage, ils s'entretenaient avec émotion de ce qui allait arriver, et, à mesure qu'ils parlaient, leur enthousiasme grandissait. Plus ils s'exaltaient les uns les autres, plus ils se persuadaient qu'ils allaient assister à un miracle et au changement de destinée de leur peuple annoncé depuis si longtemps.

Essaim grouillant et turbulent tous étaient là dans la synagogue de Pera, bavardant et se querellant, questionnant et donnant des conseils. Soudain, le jeune garçon que, dans leur impatience, ils avaient envoyé aux nouvelles.

arriva hors d'haleine, agitant une étoffe au-dessus de sa tête pour montrer que l'hôte tant désiré, parti en barque de Byzance avait atterri. Ceux qui étaient encore assis se dressèrent d'un bond, ceux qui venaient de crier et de se disputer se turent; l'un d'eux, un ancien, s'évanouit sous la violence de l'émotion. Personne, pas même le chef, n'osait aller au-devant de Benjamin. Ils étaient là debout, plongés dans l'attente et retenant leur souffle, et quand, accompagné de Joachim, ils virent Marnefesch, avec sa majestueuse barbe blanche et son regard noir et étincelant, s'approcher du temple, ils crurent avoir devant eux une figure patriarcale, Samuel conduit par l'enfant, le seigneur et maître du miracle en personne. Leur enthousiasme éclata. On les entendit clamer : « Bénie soit ta venue parmi nous! Béni soit ton nom! » Ils se précipitèrent autour de lui. Ils baisaient ses vêtements, et des larmes coulaient le long de leurs joues desséchées; ils se poussaient et se bousculaient pour toucher d'un doigt pieux le bras sacré que le divin chandelier avait brisé. Le chef dut lui faire un rempart de son corps, sinon ces gens l'eussent étouffé dans leur exaltation.

Benjamin ne fut pas médiocrement surpris de la violence de leur ferveur. Qu'attendaient-ils, qu'espéraient-ils de lui? Il fut effrayé par l'immensité de l'espoir qu'ils mettaient en lui. Il les repoussa avec une douce fermeté.

— Ne me regardez pas ainsi! Ne m'élevez pas pour que je ne m'élève pas moi-même! N'attendez de moi aucun prodige! Contentez-vous d'espérer patiemment! Car c'est pêcher que d'exiger un miracle comme une chose due.

Ils baissèrent la tête, confus que Benjamin eût deviné leur pensée secrète. Et ils rougirent de leur impétuosité. Doucement, ils s'écartèrent pour que le chef pût le conduire vers le siège confortable qu'on lui avait préparé et qui dominait ostensiblement les autres. Mais Benjamin de nouveau leur dit :

— Non, ne m'élevez pas! Je ne veux pas être assis plus haut que vous! Car je ne vous suis pas supérieur! Peut-être même suis-je l'un des plus humbles d'entre vous. Je ne suis qu'un vieil homme à qui Dieu a laissé peu de force. Je ne suis venu que pour vous voir et pour vous conseiller. N'espérez pas de moi un miracle!

Ils se plièrent à son désir, et il prit place parmi eux, impassible au milieu de l'effervescence générale. C'est alors seulement que le chef de la communauté se leva pour le saluer :

— La paix soit avec toi! Bénie soit ta venue, béni soit ton départ! Nos âmes sont ravies de te voir! »

Il régnait un silence solennel. Puis le chef continua d'une voix posée :

— Nos frères de Rome nous avaient annoncé ton arrivée et nous avons fait tout ce que nous avons pu. Nous avons ramassé de l'argent de tous les côtés pour tâcher de délivrer la menorah. D'autre part nous avions préparé un présent pour nous concilier la faveur de l'empereur, nous nous disposions à lui offrir ce que nous avions de plus précieux, une pierre de la maison de Schélomo que nos pères ont sauvée de sa ruine. Il est hanté en ce moment par le désir d'édifier un temple qui dépasse tous les autres en splendeur et il accumule à cette intention ce qu'il y a de plus magnifique et de plus sacré dans le monde. Tout cela, nous l'avons fait de gaieté de cœur. Mais nous avons tremblé en apprenant ce que nos frères de Rome attendaient de nous : te ménager une audience auprès de Justinien pour le prier de nous restituer le saint chandelier. Grande fut notre frayeur, car le souverain de ce pays ne nous aime pas. Il est d'ailleurs intolérant envers tous ceux qui ne partagent pas ses croyances, qu'il s'agisse de païens, de Juifs, ou même de chrétiens d'une autre secte. Il ne tardera sans doute même pas à nous chasser. Et comme jamais il n'a laissé aucun des nôtres paraître devant lui, j'étais donc venu le cœur navré pour te dire : ce que nos frères de Rome demandent est impossible. L'empereur ne reçoit pas les Juifs!

Un long et terrible silence succéda aux paroles du chef. Tous baissaient la tête, consternés. Où était le miracle qu'ils attendaient?

Comment un changement pourrait-il se produire dans leur destinée si l'empereur refusait de voir et d'entendre l'envoyé de Dieu? Mais le chef reprit d'une voix plus forte :

— Heureusement, faisons une fois de plus cette admirable et réconfortante constatation : rien n'est impossible avec l'aide de Dieu. Au moment où j'entrais ici l'âme ulcérée, un membre de la communauté, l'orfèvre Zacharie, homme pieux et juste, vint à moi et m'annonça que le vœu de nos frères de Rome était exaucé. Pendant que nous perdions notre temps en discussions et en efforts stériles, il agissait en silence et ce qui paraissait irréalisable aux plus sages d'entre nous s'est secrètement réalisé. Parle, Zacharie!

Quelqu'un se leva à l'un des derniers rangs : c'était un petit homme chétif et contrefait, confus d'être le point de mire de tous les regards. Il baissait la tête pour cacher sa rougeur : artisan solitaire et silencieux, il redoutait de parler en public. Il toussota à plusieurs reprises, mais sa voix demeura frêle comme celle d'un enfant.

— Ne me glorifiez pas, rabbi, murmura-t-il, mon mérite n'est pas grand. Dieu m'a facilité la chose. Le trésorier de l'empereur est animé de bons sentiments à mon égard; depuis trente ans je travaille pour lui tous les jours et quand le peuple se révolta contre l'empereur, voici quelques années, pillant et incendiant les maisons des courtisans, je le cachai chez moi pendant trois jours, lui, sa femme et son enfant, jusqu'à ce que tout danger eût disparu. Quoique je n'eusse jamais fait appel à lui je savais que je pouvais lui demander n'importe quoi. Aussi, lorsque j'appris que Benjamin était en route, j'allai le trouver et il consentit à annoncer à Justinien qu'une importante et mystérieuse ambassade traversait la mer pour venir lui rendre visite. Dieu donna à ses paroles le pouvoir de convaincre l'empereur qui accepta de recevoir la délégation. Demain, les portes de la Chalké, la fameuse salle des audiences du palais, s'ouvriront devant Benjamin et le chef de notre communauté.

Zacharie se tut et se rassit modestement. Tous se taisaient et frémissaient. Un Juif approcher l'inaccessible! Cela n'était-il pas un prodige? Leurs cœurs palpitaient, ils ouvraient démesurément les yeux, et l'ange de la grâce planait au-dessus de ce silence respectueux. Mais Benjamin poussa un douloureux gémissement :

— Mon Dieu, ô mon Dieu! Qu'exigez-vous de moi! Mon cœur est timide et j'ignore la langue du pays! Comment paraîtrai-je devant l'empereur? Et pourquoi moi justement? J'étais seulement destiné à être le témoin, à voir le chandelier, et non pas à le reprendre, à le reconquérir! Ne me désignez pas! Qu'un autre aille à ma place! Je suis trop vieux, trop faible!

Les auditeurs tremblèrent. Un miracle se

préparait et celui qui était choisi pour l'accomplir se dérobait. Mais tandis qu'ils cherchaient le moyen de vaincre ses hésitations, Zacharie se leva de nouveau sans bruit et dit (sa voix avait changé, elle était devenue ferme et décidée) :

— Non, il faut que ce soit toi! Ma peine ne fut pas bien grande, certes; cependant je ne l'eusse pas prise pour quelqu'un d'autre! Car si l'un de nous rend jamais le repos au chandelier, ce sera toi, j'en suis persuadé!

Benjamin le regarda fixement :

— Comment peux-tu le savoir?

Mais Zacharie répéta d'un ton calme et obstiné :

— J'en ai la certitude depuis longtemps. Toi seul rendras le repos au chandelier.

Le cœur du vieillard fut ébranlé par tant d'assurance. Il regarda attentivement l'orfèvre qui lui souriait d'un air persuasif. Il lui sembla qu'il avait déjà vu autrefois ce regard. De son côté, Zacharie paraissait s'apercevoir qu'on le reconnaissait, car son sourire s'accentua et s'adressant à Benjamin par-dessus les autres, comme s'il voulait lui faire une confidence :

— Te rappelles-tu, lui demanda-t-il, lors de cette fameuse nuit, un certain Hyrcanos ben Hillel qui fit route avec les vieillards de la communauté?

Benjamin sourit à son tour :

— Comment ne me souviendrais-je pas de

lui? J'ai retenu les moindres paroles, les moindres faits de cette nuit bienheureuse.

— Eh bien! je suis son petit-fils, poursuivit Zacharie. Orfèvres nous sommes et le restons tous dans notre famille. Les empereurs et les rois qui ont besoin d'un fondeur ou d'un trésorier le choisissent toujours parmi nous. A Rome, tu le sais, Hyrcanos ben Hillel gardait la menorah captive en même temps que les trésors de l'empire. Mon grand-père a raconté à mon père, qui me l'a rapporté, que la nuit où ton bras fut brisé rabbi Eliezer avait dit de toi une chose que le petit enfant que tu étais ne pouvait comprendre : sa prouesse et sa souffrance doivent avoir une signification, remarqua-t-il. Si quelqu'un délivre jamais le chandelier, ce sera lui!

Tous frémissaient. Benjamin inclina la tête. En proie à l'émotion, il déclara :

— Personne ne fut aussi bienveillant pour moi cette nuit-là que rabbi Eliezer et sa parole m'est sacrée. Pardonnez à la pusillanimité de mon cœur. Je fus brave autrefois; seuls l'âge et le temps m'ont rendu hésitant. Mais, encore une fois, je vous en supplie, n'attendez pas de moi un miracle! Vous voulez que je me rende chez celui qui détient le chandelier : j'irai. Malheur à celui qui se dérobe à une pieuse démarche! Dieu m'a donné peu d'éloquence; cependant avec son aide je trouverai peut-être les mots qu'il faut dire!

La voix du vieillard avait faibli, et sa tête

restait courbée comme sous le poids de sa mission. Doucement, il ajouta :

— Pardonnez-moi, il faut à présent que je vous quitte. Je suis vieux, le voyage et cette journée m'ont épuisé. Permettez que j'aille me reposer.

Tous s'écartèrent avec déférence. Seul son guide, l'impétueux Joachim, ne put contenir son impatience. Il lui demanda, en le conduisant vers la couche qu'on lui avait préparée :

— Que vas-tu dire demain à l'empereur?

Le vieillard ne leva pas les yeux; il murmura comme s'il se parlait à lui-même :

— Je n'en sais rien. Je ne veux pas y penser. Il n'y a plus de force en moi. Dieu pourvoira à cela.

⁂

Cette nuit-là les Juifs de Péra restèrent encore longtemps réunis. Personne n'avait sommeil; ils discutaient et péroraient sans fin, les yeux bien éveillés et ardents. Jamais encore ils ne s'étaient sentis aussi près du merveilleux. Se pouvait-il réellement que leur dispersion et les cruels tourments de l'exil prissent fin? Qu'ils cessassent d'être toujours pourchassés, persécutés et de craindre éternellement pour le lendemain, pour l'heure qui vient? Etait-il possible que ce vieillard qui avait siégé en personne parmi eux fût véritablement l'envoyé du Seigneur, un de ces porteurs de la Parole comme il en naissait jadis au sein de leur peuple et qui savaient inciter le cœur des rois à la justice? Bonheur inespéré! joie ineffable! ils allaient enfin pouvoir rapatrier les ustensiles religieux, reconstruire le temple et vivre dans son ombre... Ils discouraient avec exaltation sur ce sujet et leur conviction s'affermissait de plus en plus. Ils avaient déjà oublié les recommandations du vieillard leur disant de n'attendre de lui aucun prodige, car ces hommes n'avaient appris dans leurs livres sacrés qu'à croire aux miracles de Dieu. Comment d'ailleurs eussent-ils pu vivre ces proscrits, ces éternels opprimés, sans cette attente incessante de la délivrance? Plus la nuit s'avançait plus le jour leur semblait long à venir ; ils n'étaient plus maîtres de leurs nerfs. A tout moment ils regardaient le sablier qui se vidait avec une lenteur désespérante. Les uns allaient sans cesse à la fenêtre, les autres sortaient continuellement dans la rue pour voir si l'aube ne blanchissait pas au loin sur la mer sombre et si le ciel n'allait pas bientôt s'embraser comme leurs cœurs.

Le chef avait beaucoup de peine à calmer la communauté d'ordinaire si docile. Ils voulaient tous se rendre le jour même à Byzance, accompagner Benjamin et attendre devant le palais pendant qu'il parlerait au maître du monde, afin de prendre une part plus active et plus intime au miracle. Il fut obligé de se montrer sévère et de leur rappeler le risque qu'il y avait à se rendre en cortège ou seulement en nombre inusité devant la résidence impériale, car le peuple était hostile aux Juifs, et il était toujours dangereux pour eux d'attirer l'attention; il dut même user de menaces pour qu'il restassent à prier dans la synagogue pendant que Benjamin serait introduit auprès du grand monarque. Ils passèrent tout le jour en oraisons et en jeûnes. Ils priaient avec autant de force et de ferveur que si le cœur de chacun d'eux eût renfermé toute la nostalgie des Juifs de la terre. Leur esprit demeurait fermé à toute pensée autre que celle-ci : puisse l'Eprouvé accomplir le miracle et faire disparaître la malédiction de l'exil qui pèse sur le peuple d'Israël.

***

Il était près de midi, heure de l'audience, lorsque Benjamin franchit en compagnie du chef de la communauté la vaste place rectangulaire qui s'étendait devant le palais de Justinien. Derrière eux le jeune et robuste Joachim marchait péniblement, portant sur ses épaules un lourd et mystérieux fardeau. Graves et calmes, les deux vieillards s'avançaient lentement dans leurs vêtements simples et sombres vers la porte de bronze de la Chalké par laquelle on accédait à la somptueuse salle du trône. Mais ils durent faire antichambre bien au delà de l'heure fixée;

c'était une tactique habituelle de la cour byzantine de faire patienter longuement ambassadeurs et suppliants dans le vestibule, pour qu'ils se persuadassent bien de l'extraordinaire faveur qu'on leur accordait en leur permettant de contempler le visage du plus puissant prince de l'univers. On laissa déambuler les deux vieillards trois heures durant sur le marbre froid, sans leur offrir un siège ni même un escabeau. Devant eux, autour d'eux les dignitaires et les gras eunuques, les gardes et les esclaves vêtus de couleurs éclatantes s'affairaient inutilement; personne ne faisait attention à nos visiteurs, personne ne leur adressait un mot ni un regard. Les mosaïques multicolores des murs semblaient les toiser froidement cependant qu'au-dessus d'eux les dorures étincelantes de la coupole, que supportaient de fines colonnes, confondaient leurs rayons avec ceux du soleil. Mais Benjamin et le chef de la communauté patientaient en silence. Les vieillards savent attendre. Ils avaient vu trop d'années s'écouler pour attacher de l'importance à une heure de plus ou de moins. Seul le bouillant Joachim regardait curieusement tous ceux qui passaient et comptait sans arrêt les cubes des mosaïques pour abréger l'insupportable longueur du temps.

Enfin, lorsque le soleil commençait à décliner, le *praepositus sacri cubiculi* vint à eux et les instruisit dans le cérémonial rigoureux imposé à ceux qui avaient l'honneur d'être introduits auprès de l'empereur. Dès que la porte s'ouvrirait, leur dit-il, ils feraient vingt pas la tête baissée et s'arrêteraient à l'endroit où une veine blanche traversait les dalles de marbre rose; ils ne s'approcheraient pas davantage, afin que leur haleine ne se mêlât pas à celle de Justinien. Avant de se permettre de lever les yeux vers l'autocratos, ils se jeteraient trois fois sur le sol, les bras et les jambes allongés. Ils pourraient alors s'avancer vers le trône de porphyre et baiser la longue traîne pourpre de l'empereur.

— Je me refuse à cela, murmura Joachim avec colère, nous ne devons adorer que Dieu, et pas une créature humaine.

— Tais-toi, répondit sévèrement Benjamin. Pourquoi ne baiserions-nous pas la terre? N'est-elle pas aussi l'œuvre de l'Eternel? Et quand bien même il serait défendu de se prosterner devant un homme, il est permis de pécher pour le bien d'une cause sacrée!

A ce moment la porte de bronze de la salle d'audience s'ouvrit. Une ambassade caucasienne, venue pour rendre hommage à l'empereur, sortit. La porte se referma derrière eux sans bruit. Cependant ces étrangers, en bonnets de fourrure et habits de soie, s'arrêtèrent. La consternation se peignait sur leurs visages : Justinien avait dû les traiter durement ou du moins avec hauteur, parce qu'ils ne lui offraient que l'alliance de leur nation au lieu de sa soumission complète. Joachim examinait curieusement ces gens au costume bizarre, lorsque le praepositus lui enjoignit de charger son fardeau sur ses épaules et engagea ses compagnons à se conformer scrupuleusement à ses recommandations. Puis, de sa canne d'or il heurta légèrement la porte qui s'ouvrit doucement de l'intérieur; les trois hommes, auxquels, sur un signe du praepositus, s'était joint un interprète, pénétrèrent dans la vaste salle du trône.

Ils virent deux haies immobiles de soldats vêtus de rouge s'étendant jusqu'au centre de l'immense pièce; chaque soldat portait l'épée au côté, une longue lance dans la main droite et sur l'épaule la redoutable hache à deux tranchants; un casque d'or orné d'une longue crinière couvrait leur chef. Tous de même taille, de même corpulence, ils formaient deux rangs compacts, d'un alignement impeccable, à la façon des pierres d'un mur; derrière eux, dans la même attitude pétrifiée, se tenaient les officiers des cohortes avec leurs bannières. Les trois Juifs et l'interprète s'avancèrent entre ces deux rangées de statues, aux yeux fixes comme les corps, et dont aucune ne les regardait. Ils marchaient sans bruit au milieu d'un silence complet vers le fond de la pièce où, sans doute, — ils n'avaient pas encore le droit de redresser la tête — Justinien les attendait. Le praepositus qui les précédait s'arrêta soudain, la canne haute, et ils levèrent les yeux vers le trône, comme ils étaient autorisés à le faire. Mais ils ne virent rien; une large tenture de soie tendue en travers de la salle leur masquait la vue. Interdits, ils s'arrêtèrent tous trois devant cet obstacle.

Le maître des cérémonies brandit encore une fois sa canne. Tirés par d'invisibles cordons, les rideaux s'écartèrent en froufroutant et le basiléus apparut dans le fond, assis sur un trône serti de pierreries auquel on accédait par trois marches de porphyre et que surmontait une coupole d'or. Cet homme gros et fort gardait une immobilité si parfaite qu'il semblait plus son portrait que lui-même; son front disparaissait dans le rayonnement de sa couronne d'or qui brillait comme une auréole. Autour de lui, formant un large cercle, ses gardes en tuniques blanches, casqués d'or, une chaîne de même métal autour du cou, et devant eux les sénateurs et les dignitaires, dans leurs amples vêtements de soie pourpre, semblaient également être des statues. On eût dit que leur souffle s'était arrêté, que leur regard s'était figé; le but de cette immobilité étudiée était visiblement de glacer d'effroi le cœur de ceux qui paraissaient pour la première fois devant le maître de l'univers.

Effrayés en effet, le chef et Joachim baissèrent les yeux comme des gens subitement éblouis par le soleil de midi. Seul le vieux Benjamin regardait Justinien avec sérénité.

Il avait vu dix empereurs se succéder au cours de sa longue existence; il savait qu'en dépit de leur couronne et de leurs insignes magnifiques les monarques n'étaient que de simples mortels soumis aux mêmes besoins, sujets aux mêmes infirmités que les autres hommes. Son âme demeurait ferme et il ne tremblait pas. Tranquillement il tenait les yeux levés pour lire dans ceux du souverain qu'il était venu implorer.

Soudain il reçut un coup dans le dos : c'était la canne du praepositus qui lui rappelait le cérémonial prescrit. Si pénible que fut cette gymnastique à ses membres fatigués, il se jeta à plat ventre sur le marbre glacé, les bras et les jambes allongés, et appuya trois fois son front contre le sol; sa barbe broussailleuse fit un bruit étrange en balayant la pierre froide. Puis il se redressa avec l'aide de Joachim, s'approcha des marches du trône en pliant l'échine et baisa l'ourlet du manteau de pourpre impérial.

Justinien ne bougea pas. Sa pupille immobile avait l'air d'une émeraude, sa paupière était fixe, ses sourcils ne remuaient pas. Son œil dur regardait au loin par-dessus la tête du vieillard. Que lui importait à lui, l'empereur, ce qui se passait à ses pieds, ce vermisseau qui rampait au bas de sa robe!

Cependant, sur un signe du maître des cérémonies, les trois visiteurs s'étaient reculés et mis en rang; seul l'interprète s'avança d'un pas en sa qualité de porte-parole. Le praepositus leva encore une fois sa canne. Puis le truchement commença à parler. Ces Juifs, dit-il, étaient chargés par leurs coreligionnaires de Rome de féliciter et de remercier le maître du monde d'avoir vengé Rome et purgé la terre et la mer des odieux pirates qui les infestaient. D'autre part, ayant appris que l'empereur toujours sage voulait construire en l'honneur de la Sainte Sagesse une église qui dépassât toutes les autres en splendeur, les Juifs de l'univers — qui appartenait à l'empereur — avaient résolu malgré leur pauvreté de contribuer à la grandeur de cet édifice. Modeste était leur don, mesuré à la magnificence de l'empereur, mais c'était la chose la plus vénérable et la plus sacrée qu'ils possédassent. Lorsque leurs aïeux avaient émigré de Jérusalem, ils avaient sauvé une pierre du temple. Ils la lui offraient pour que ce fragment de la maison de Salomon fît corps avec la maison de Justinien et attirât sur celle-ci la bénédiction du Ciel.

Joachim apporta la lourde pierre sur un signe du praepositus et la déposa à côté des présents que les ambassadeurs caucasiens avaient mis en tas à gauche du trône, présents qui consistaient en fourrures, ivoires des Indes et cachemires brodés. Mais les yeux de Justinien ne se tournèrent ni vers l'interprète ni vers l'offrande. Il regardait dans le vide par-dessus tout ce qui l'entourait, d'un air absent et ennuyé; il se contenta de remuer nonchalamment les lèvres pour dire sur un ton dédaigneux et maussade :

— Demande-leur ce qu'ils désirent!

L'interprète expliqua dans son langage fleuri qu'il se trouvait parmi le butin magnifique que Bélisaire avait rapporté un objet de peu de valeur, mais particulièrement cher au peuple juif : c'était un chandelier à sept branches que les païens avaient emporté au delà des mers et qui avait été ravi autrefois au temple de Salomon. Ils suppliaient l'empereur de bien vouloir leur remettre ce chandelier; ils le lui payeraient le double, le décuple de son poids d'or. Il n'y aurait pas sur terre une maison, une cabane habitée par un Juif où on ne prierait chaque jour pour rendre grâce au plus généreux des empereurs et pour la durée de son règne.

L'œil de Justinien demeura fixe. Il répondit avec humeur :

— Je ne veux pas des prières des infidèles. Demande-leur quelles sont les vertus de l'objet et ce qu'ils comptent en faire.

Le truchement traduisit les paroles de l'empereur en regardant Benjamin qui frissonnait et sentait ses membres se glacer sous le froid regard de Justinien. Le vieillard devinait de la résistance et il craignait de ne pouvoir la vaincre; il tendit une main implorante et murmura :

— Seigneur, songe que cette relique est la

dernière qui reste à notre nation! On a détruit notre ville, rasé nos murailles, démoli notre temple! Seul ce chandelier a résisté aux assauts du temps. Il a des milliers d'années, il est ce qu'il y a de plus vieux au monde; il voyage à l'étranger depuis des siècles, et notre peuple n'aura pas de repos tant que dureront ses pérégrinations. Seigneur aie pitié de nous! Ce chandelier est tout notre bien! Rends-le nous! Souviens-toi que Dieu t'a tiré du néant pour t'élever au trône et qu'il t'a fait riche parmi les hommes! Celui à qui il donne doit donner à son tour, c'est sa loi! Qu'est-ce pour toi, Seigneur, que ce candélabre errant? Ecoute ma prière et rends-le nous!

Le truchement répéta ce discours en y ajoutant force enjolivures de cour. L'empereur l'écouta avec calme. Mais quand il apprit que Benjamin avait fait allusion à l'obscurité de son extraction, son visage s'assombrit. Justinien n'aimait pas qu'on lui rappelât, lui l'image de Dieu sur terre, qu'il était issu d'humbles paysans d'un village de Thrace. Il fronça les sourcils et ouvrit la bouche pour émettre un refus.

Avec cette perspicacité que donne l'inquiétude, Benjamin avait deviné la réponse qu'allait faire l'empereur et il entendait déjà le terrible, l'irrévocable « non » résonner dans son cœur. La peur le prit. Elle le poussa en avant comme une main invisible, et, oubliant le règlement qui interdisait de franchir la veinure blanche du marbre, il s'approcha — à la stupeur générale — tout près du trône. Puis, levant le bras dans un geste inconscient pour conjurer l'empereur, il dit :

— Seigneur, il y va de ta ville, de ton empire! Ne te flatte pas d'empêcher ce que personne n'a pu empêcher jusqu'ici! Babylone, Rome et Carthage étaient grandes, elles aussi, et pourtant les temples qui ont renfermé le chandelier se sont écroulés, les murailles qui l'emprisonnaient se sont abattues! Lui seul demeurait intact quand tout s'effondrait autour de lui. Il brise le bras de qui veut s'en emparer, ceux qui troublent sa quiétude perdent eux-mêmes le repos! Malheur à qui détient le bien d'autrui! Car Dieu ne donnera pas la paix aux hommes tant que son saint emblème ne sera pas rentré dans le saint lieu. Tu m'as entendu, Seigneur, remets-nous le chandelier!

Tout le monde était interdit. Personne n'avait compris ces violentes paroles. Et les dignitaires n'avaient vu qu'une chose avec effroi, c'est que le visiteur s'était permis ce que personne n'avait jamais encore osé : s'avancer vers l'empereur et lui couper la parole avec véhémence. Ils regardaient en frémissant le vieillard qui restait là, bouleversé par l'excès de sa douleur; des larmes roulaient dans sa barbe. Le chef de la communauté, apeuré, s'était écarté bien loin derrière lui, l'interprète avait reculé. Seul Benjamin demeurait toujours près de l'empereur, face à face avec l'autocrate.

Justinien était sorti de son immobilité. Il jeta un regard peu rassurant sur Benjamin, puis se tourna avec impatience vers l'interprète pour qu'on lui traduisît ses paroles. Ce dernier les atténua prudemment en demandant tout d'abord que l'Empereur, dans sa mansuétude, veuille bien pardonner au vieillard son inconvenance. Le souci que lui causait le bien de l'empire lui avait fait perdre la tête : la malédiction divine était sur cet objet. Il portait malheur à tous ceux qui l'avaient en leur possession, et les cités où il se trouvait tombaient aux mains de l'ennemi. Le vieillard avait cru de son devoir d'avertir l'empereur et de l'engager à libérer le chandelier de cette malédiction en le rendant à sa ville d'origine, Jérusalem.

Justinien écoutait, le front plissé : l'insolence de ce vieux Juif insensé qui avait osé élever la voix et le poing en sa présence l'irritait. Mais en même temps une certaine inquiétude s'éveillait en lui. Car ce fils de paysan était superstitieux et, comme tous les favoris de la fortune, il redoutait fort les sortilèges et les présages. Il garda le silence un moment et réfléchit. Puis il ordonna sur un ton sec :

— Soit! Qu'on recherche l'objet et qu'on l'envoie à Jérusalem!

Le vieillard frémit lorsque l'interprète lui traduisit ces mots. La bienheureuse réponse traversa son âme et l'illumina comme un éclair. Le but de sa vie était atteint. L'Eternel n'avait pas voulu qu'il mourût avant cette minute. Inconsciemment il éleva en tremblant son bras valide, comme s'il tentait, dans sa reconnaissance, de l'élever jusqu'à Dieu.

Mais le ravissement qui éclairait le visage de Benjamin n'échappa pas au regard perçant de Justinien. Une joie mauvaise l'envahit. Il ne fallait pas que ce Juif insolent allât se glorifier auprès de son peuple d'avoir influencé l'empereur. Il sourit méchamment :

— Ne te réjouis pas trop tôt! Car ce n'est pas à vous, Juifs, que le chandelier appartiendra, et il ne servira pas votre faux culte!

Et, s'adressant à l'évêque Euphémius assis à sa droite, il dit :

— Quand à la nouvelle lune tu te rendras à Jérusalem pour y bénir l'église que Théodora a fait construire, tu emporteras le chandelier. Mais il n'éclairera pas l'autel, on le placera au-dessous sans l'allumer, pour que chacun voie combien notre croyance est supérieure à la leur et combien la vérité est audessus de l'erreur. Il sera cependant dans la véritable Eglise et non chez ceux qui n'ont pas reconnu le Sauveur lorsqu'il est venu chez eux.

Le vieillard tressaillit. Sans comprendre

les paroles il avait deviné, au méchant sourire qui se dessinait sur les lèvres de l'empereur, que celui-ci venait d'ordonner quelque chose contre eux. Il voulut se jeter encore une fois à ses pieds pour essayer de le faire changer d'avis. Mais déjà Justinien avait fait signe au praepositus. Celui-ci leva sa canne et les rideaux se refermèrent en bruissant : l'empereur et son trône avaient disparu, l'audience était terminée.

Benjamin était là, comme étourdi, devant la tenture fermée. Le maître des cérémonies lui toucha l'épaule : il fallait quitter les lieux. Le regard sombre, appuyé sur Joachim, le vieillard sortit en chancelant. Pour la seconde fois Dieu l'avait repoussé au moment où sa main allait saisir l'objet sacré. Ce n'était pas encore l'heure. Le chandelier appartenait toujours aux tyrans.

***

A quelques pas du palais impérial, Benjamin Marnefesch, l'homme deux fois éprouvé, vacilla soudain. Le chef et Joachim durent employer toute leur force pour le soutenir. Ils le portèrent dans une maison voisine et l'étendirent. Son visage avait perdu toute couleur et ses yeux s'étaient clos. Ils le crurent à l'agonie : ses mains exsangues pendaient mollement et le chef ayant tâté son cœur ne perçut que de faibles et timides battements.

La prière qu'il venait d'adresser à l'empereur semblait avoir épuisé ses dernières forces et pendant plusieurs heures il demeura dans un état de complète insensibilité. Le soir commençait à tomber lorsqu'à la stupéfaction des deux hommes le moribond se redressa soudain et les fixa d'un œil égaré, comme s'il revenait de l'autre monde. Puis les reconnaissant il leur ordonna — à leur nouvel étonnement — de le conduire sans délai à la synagogue de Péra pour qu'il fît ses adieux à la communauté. En vain l'engagèrent-ils à se ménager et à se reposer encore, le vieillard s'entêta dans sa résolution; il fallut le transporter sur une civière et l'emmener en bateau à Péra. Durant le voyage il ne desserra pas les lèvres et son regard était celui d'un somnambule.

Les Juifs de Péra connaissaient depuis longtemps l'arrêt de l'empereur. Mais ils avaient escompté trop fermement un miracle pour pouvoir se réjouir de cette décision. C'était un succès vraiment trop mince, comparé à ce qu'ils avaient espéré. La menorah n'allait-elle pas être une fois de plus enfermée dans les murs d'un temple étranger? Et eux ne continueraient-ils pas à errer et à languir au loin? En vérité ce n'était pas le sort du chandelier qui les rendait inquiets mais le leur! Ils étaient là navrés, déçus et pleins d'une sourde colère. Ah! les présages mentaient toujours et bien fous ceux qui s'y fiaient! Si, vus de leur exil, les prodiges glorifiés dans l'Ecriture resplendissaient comme de flamboyants nuages éclairant l'horizon ils ne s'accomplissaient plus jamais de leurs jours. Dieu oubliait son peuple, il abandonnait l'élu de jadis, indifférent à sa détresse et à son affliction. Il ne suscitait plus de prophètes qui parlâssent en son nom; il était insensé de croire à des présages et d'attendre un miracle, un changement de fortune! Ils ne priaient plus, ils ne jeûnaient plus, les Juifs de la synagogue de Péra! Chacun boudait dans son coin et mangeait avec dépit son pain frotté d'oignon. L'espérance n'enflammait plus leurs regards, n'éclairait plus leur front : ils étaient redevenus les petits hommes pitoyables de toujours, de pauvres Juifs, et leurs pensées qui tout à l'heure encore montaient avec force vers Dieu reprenaient leur cours mesquin et terre à terre comme leur existence. Ils faisaient leurs comptes, geignaient, se plaignaient les uns aux autres d'avoir entrepris ce long voyage inutile et dispendieux et regrettaient les bons vêtements qu'ils avaient usés en chemin, le temps perdu et les affaires manquées. Ils redoutaient d'affronter en rentrant les railleries des incrédules et les querelles de leurs femmes impatientes. Et comme les hommes se retournent toujours avec colère contre ceux qui, ayant exalté leur imagination, les déçoivent ensuite et les rejettent dans leur médiocrité, une sombre rancune s'accumulait en eux contre leurs frères de Rome et contre Benjamin, leur messager : c'était certes un homme rudement éprouvé, mais haï de Dieu et qui portait malheur. Aussi, quand à la tombée de la nuit Marnefesch revint à la synagogue ils lui manifestèrent clairement leur ressentiment. Ils ne se levèrent plus avec crainte à son approche comme la veille et ne le saluèrent pas; au contraire ils détournèrent ostensiblement les yeux : que leur importait ce vieux Juif de Rome! Il était aussi impuissant qu'eux et Dieu ne se souciait pas plus de lui que de leur triste destin à tous.

Benjamin s'aperçut aussitôt de la malveillance de ce mutisme; il se rendit compte qu'ils rongeaient leur frein. Il remarqua avec douleur qu'ils baissaient la tête pour éviter de le regarder et leur déception le bouleversa comme s'il en était réellement responsable. Il pria le chef de leur annoncer qu'il avait une communication à leur faire; celui-ci obéit. Les Juifs relevèrent la tête à contre-cœur : qu'avait-il encore à dire cet étranger, ce faux prophète? Cependant ils furent pris de pitié en voyant le vieillard se lever de son siège en s'appuyant sur son bâton. Il ne se redressa pas entièrement, mais demeura, lui, le plus vieux de tous, courbé comme un pénitent devant l'assemblée silencieuse.

— Frères, dit-il avec effort, je suis revenu pour prendre congé de vous. Et aussi pour m'incliner devant vous, car j'ai affligé vos cœurs sans le vouloir. C'est à regret, vous le savez, que j'ai été trouver l'empereur; mais comment vous aurais-je résisté puisque vous l'exigiez. Lorsque j'étais enfant, les vieillards m'ont arraché à mon sommeil et emmené avec eux sans me consulter; ils n'ont cessé de me répéter que j'étais sur terre pour délivrer le chandelier. Croyez-moi, mes frères, il est terrible d'être celui que Dieu appelle toujours et n'exauce jamais, auquel il fait des promesses qu'il ne réalise point. Mieux vaut pour celui-là rester dans l'ombre sans que personne fasse attention à lui: pardonnez-moi, oubliez-moi et ne vous souciez plus de mon sort. Ne prononcez plus le nom de celui qui n'était pas l'élu. Attendez patiemment la venue du juste qui délivrera le peuple et le chandelier.

Le vieillard s'inclina trois fois devant la communauté, comme un coupable qui confesse sa faute. Trois fois il se frappa la poitrine de la main gauche — la droite pendait inerte et sans vie — puis il se redressa et gagna la porte. Personne ne se leva, personne ne lui répondit. Seul Joachim, se souvenant que son devoir était de l'aider, le rattrapa sur le seuil. Mais Benjamin le repoussa avec fermeté :

— Retourne à Rome. Si l'on s'enquiert de moi, dis que Marnefesch n'est plus et qu'il n'était pas l'élu. Qu'ils oublient mon nom et qu'ils ne récitent point de prière en mon souvenir. Je veux rester mort après ma mort et désire disparaître de la mémoire des hommes. Quant à toi, va en paix et ne t'occupe plus de moi!

Docile, Joachim resta sur le seuil. Il regarda avec inquiétude le vieillard s'éloigner dans l'étroite ruelle et s'étonna de le voir, marchant d'un pas mal assuré, prendre la direction des collines. Mais il n'osa pas le suivre et se contenta de l'accompagner des yeux jusqu'à ce que sa silhouette penchée se fût complètement perdue dans l'ombre.

Cette nuit-là, Benjamin, qui avait été durant toute sa longue vie calme et résigné, récrimina contre Dieu pour la première fois. Le cœur tourmenté, il se traînait au hasard à travers les rues étroites et tortueuses de Pera, sans savoir où il allait : il ne cherchait qu'à échapper à la honte qu'il ressentait d'avoir bercé son peuple d'un espoir excessif. Il aurait voulu se terrer dans un coin et mourir comme une bête, ignoré de tous. « Ce n'est pas ma faute, se murmurait-il sans cesse à lui-même, pourquoi attendaient-ils de moi un miracle? Pourquoi m'ont-ils choisi? Pourquoi m'ont-ils tenté? » Mais il ne parvenait pas à se consoler et craignait constamment d'être suivi. Ses pieds étaient depuis longtemps brisés de fatigue et ses genoux débiles tremblaient. La sueur perlait sur son front et coulait en gouttes amères et salées sur ses lèvres et dans sa barbe. Son cœur angoissé battait avec violence dans sa poitrine. Mais le vieillard s'aidant de son bâton grimpait inlassablement le chemin abrupt qui conduisait au milieu des champs, loin du dédale des maisons. Il n'avait plus qu'un désir : ne plus voir les hommes, n'être plus vu d'eux! Fuir les lieux qu'ils habitaient, disparaître, être oublié à tout jamais! Etre débarrassé de l'éternelle hantise de la délivrance du chandelier!

Titubant tel un homme ivre, Benjamin atteignit enfin les hauteurs qui dominaient la ville. Là, en pleine campagne, appuyé à un pin qui, — il l'ignorait — ombrageait une tombe, il comprima les battements de son cœur et respira. La nuit était claire ainsi que le sont en automne les nuits méditerranéennes; la mer luisait comme un gigantesque poisson d'argent et l'arc tout proche de la Corne d'Or se recourbait comme un serpent. De l'autre côté de la baie, Byzance, avec ses dômes et ses tours étincelantes, dormait dans la blanche clarté lunaire. Parfois une lumière bougeait encore dans le port; mais il était plus de minuit et le silence indiquait que toute activité humaine avait cessé. La brise chantonnait doucement dans les vignes, et à tout moment des feuilles jaunies se détachaient des ceps vendangés, tournoyaient lentement et se déposaient sans bruit sur le sol. Il devait y avoir à proximité des pressoirs et des granges, car de temps en temps une odeur aigre et forte arrivait jusqu'à lui. Les narines frémissantes, le vieillard harassé respirait les moites et putrides exhalaisons automnales qui montaient de la terre! Ah! qu'il eût été bon de se confondre avec elle! de tomber comme ces feuilles tourbillonnantes, de pouvoir mourir! De ne plus revenir, de ne plus se tracasser ni se tourmenter, d'être enfin délivré du fardeau de soi-même! Au milieu de ce silence et de cette solitude il fut pris d'un violent désir de repos éternel et il éleva sa voix vers le Ciel dans une plaintive prière:

« Dieu, je veux mourir! Pourquoi suis-je encore de ce monde, inutile à moi-même, la risée et la honte des miens! Pourquoi m'épargnes-tu? Tu sais bien que ce n'est pas mon désir! J'avais engendré sept fils, forts et aimants la vie et je les ai enterrés tous les sept. Tu m'avais donné un petit-fils jeune et pur, encore ignorant de l'amour et des joies de l'existence : les païens l'ont massacré; il ne voulait pas mourir, lui, certes non! il a lutté quatre jours contre la mort. Pourtant tu me l'as pris, lui qui désirait vivre et moi, qui aspire à la tombe, tu me repousses ! Dieu, qu'espères-tu d'un homme qui souhaite le trépas! J'ai déçu ceux qui croyaient en moi et les présages ont menti. Dieu c'en est assez! Je suis désespéré, rappelle-moi! J'ai vécu quatre-vingt-sept ans, j'ai attendu en vain que s'accomplît la signification de ma longue existence et qu'une prouesse fût le fruit de ma fidélité envers toi. A présent je suis las. Dieu je n'en puis plus, reprends-moi la vie que tu m'as donnée. »

Les yeux du vieillard imploraient le ciel illuminé d'étoiles : Dieu allait peut-être enfin lui répondre? Il attendit avec patience; puis sa main qu'il avait tendue dans un geste inconscient retomba doucement et une immense fatigue s'empara de tout son être. Ses tempes se mirent à battre avec bruit, en même temps il ressentit un tiraillement et un tremblement dans la jambe et dans le genou; soudain il sombra dans une douce langueur et se laissa glisser sur le sol, lourdement et légèrement à la fois, comme s'il avait perdu tout son sang. Sa faiblesse l'enchantait : « C'est la mort, songeait-il avec reconnaissance, Dieu m'a exaucé. » Il posa sa tête dans un geste pieux et calme sur la terre qui sentait l'automne. « J'aurais dû mettre mon suaire, pensa-t-il confusément. » Il était trop las! il se contenta de ramener son manteau sur lui. Puis il ferma les yeux et attendit avec confiance la mort tant désirée.

Mais elle ne vint pas trouver l'Eprouvé cette nuit-là. Ce fut un doux sommeil, peuplé de visions et de songes, qui s'empara de son corps épuisé.

***

Voici ce que rêva Benjamin en cette dernière nuit d'épreuve. Il longeait encore les ruelles obscures et mornes de Péra, seulement elles étaient plus noires que tout à l'heure et le ciel qu'on apercevait au-dessus des toits et des coteaux était sombre et nuageux. Soudain il tressaillit et son cœur se mit à sauter dans sa poitrine : il avait entendu résonner des pas derrière lui; il eut peur d'être suivi et s'efforça d'accélérer sa marche. Mais ces pas retentissaient à présent tout autour de lui dans les ténèbres opaques de la campagne déserte. Il n'arrivait pas à reconnaître quels étaient ces gens qui marchaient à sa droite, à sa gauche, devant lui, derrière lui; mais il se rendait compte qu'ils devaient être nombreux. Il distinguait le pas lourd des hommes, celui plus léger des femmes dans le tintement de leurs boucles et le trottinement des enfants. C'était toute une nation qui défilait dans cette nuit sans lune, un peuple affligé, en détresse. Car de sourds gémissements montaient sans cesse de ces rangs invisibles; il avait l'impression qu'ils marchaient depuis un temps immémorial, qu'ils étaient las de leur exode forcé et de l'incertitude de leur route. « Quel est ce peuple, s'entendit-il se demander, pourquoi est-il seul à ne pas jouir des grâces du ciel, à ne pas connaître le repos? » Si le rêveur ne devinait pas quels étaient ces fugitifs, il éprouvait néanmoins pour eux une compassion fraternelle. Et il murmurait : « On ne peut marcher ainsi éternellement dans la nuit sans savoir où l'on va! Une nation ne peut vivre sans foyer et sans but, errer sans cesse au milieu des dangers! Il faudrait le guider, le conseiller, sinon il se découragera et périra, ce peuple égaré et traqué. Quelqu'un devrait éclairer sa route et le ramener chez lui! Ces hommes ont besoin d'une lumière, il faut leur en trouver une! »

Ses yeux le cuisaient tant il ressentait de pitié pour ce peuple abattu qui passait, gémissant, dans la nuit silencieuse et hostile. Cependant, tandis qu'il scrutait désespérément l'horizon, il crut voir briller à une distance incalculable une timide lueur, un semblant de lumière, une bluette qui tremblotait dans l'ombre. « Il faut la suivre, murmurait-il, même si c'est un feu follet. La clarté jaillira peut-être de cette étincelle. Approchons-nous d'elle ! » Et, oubliant dans son rêve qu'il était vieux et usé, Benjamin se mit à courir avec une vélocité juvénile, pour s'en emparer. Il fendait rapidement la masse sombre des marcheurs qui s'écartaient de lui avec méfiance : « Ne voyez-vous donc pas là-bas cette lumière! » leur criait-il pour les réconforter. Mais ils gardaient le front courbé et continuaient leur défilé morne et triste. Les malheureux n'apercevaient rien; leurs yeux étaient peut-être obscurcis par les larmes et leurs cœurs paralysés par l'éternelle détresse dans laquelle ils étaient plongés. Lui, au contraire, il la distinguait de plus en plus nettement cette lumière : elle était faite de sept petites étincelles alignées les unes à côté des autres; et à présent qu'il s'en approchait — son cœur battait violemment — il se rendait compte qu'elles devaient provenir d'un chandelier à sept branches. Ce dernier — il ne le voyait pas encore — n'était pas fixe : comme la foule en marche il avançait lui aussi dans les ténèbres, mystérieusement emporté par un mauvais vent; c'était pour cela que ses flammes ne montaient pas droites, n'éclairaient pas et qu'elles vacillaient sans cesse. « Il faut l'attraper, l'immobiliser, se disait Benjamin en poursuivant son rêve; quelle lumière rayonnante il projetterait s'il pouvait s'arrêter! Et comme ce peuple éprouvé prospérerait et grandirait s'il avait un asile, une patrie! » Il fonçait tête baissée, il avait des ailes et gagnait du terrain sur le chandelier. Il apercevait déjà son fût doré, ses sept tiges et ses sept coupes d'où montaient les sept flammeroles inclinées par le vent qui chassait sans répit le candélabre par delà les montagnes et les mers. « Arrête-toi! Arrête-toi! » gémissait le rêveur. « Le peuple se meurt! Il a besoin du réconfort de ta lumière, il ne peut errer ainsi éternellement dans les ténèbres. » Cependant le chandelier continuait de fuir en faisant scintiller méchamment ses flammes. La colère s'empara de Benjamin; il rassembla ses forces, — son cœur battait à se rompre — fit un bond vers le fugitif pour l'empoigner. Déjà il touchait le froid métal, il tenait presque le fût pesant...

quand un violent coup de tonnerre le jeta à terre, le bras fracassé et pantelant. Et dans le cri qu'il poussa il entendit la voix innombrable du peuple hurler cette plainte : il est perdu ! A tout jamais perdu !

Mais subitement le vent cessa; le chandelier s'éleva dans l'air, immobile et aussi droit que s'il reposait sur un socle de bronze. Ses flammes rabattues jusqu'alors par la vitesse du vent se redressèrent et se mirent à étinceler. Elles brillaient d'un éclat de plus en plus vif, et leur clarté dorée se mit à percer les ténèbres. Bouleversé, Benjamin tourna ses regards vers les hommes qui tout à l'heure marchaient dans la nuit; l'ombre n'enveloppait plus la terre chaotique et il n'y avait plus de peuple voyageur. Il vit une calme et fertile contrée méridionale baignée par la mer, où les palmiers et les cèdres se balançaient sous la caresse de la brise; la vigne et les blonds épis y mûrissaient, les brebis y paissaient et la gazelle la traversait de son pied agile. Ses habitants se livraient à de paisibles travaux, puisaient l'eau à la fontaine, conduisaient la charrue, trayaient les bestiaux, ensemençaient les champs et ourlaient leurs demeures de pampres et de fleurs multicolores. Des enfants passaient en chantant, des pâtres jouaient du chalumeau au milieu des troupeaux. « Quel est ce pays ? » se demandait avec étonnement le rêveur. « Et ce peuple, est-ce le même qui tout à l'heure s'avançait dans les ténèbres ?

A-t-il enfin trouvé le repos, est-il enfin chez lui? » Mais voici que le chandelier montait plus haut : sa lumière éclairait maintenant comme un soleil les horizons de cet Eden. Les montagnes découvraient leurs cimes éclatantes, une cité blanche et lumineuse se dressait sur le sommet d'une colline et on apercevait, dominant les énormes remparts, un gigantesque édifice en pierres de taille. Le cœur du dormeur frissonna : « Ce doit être Jéruscholajim et le temple, s'écria-t-il haletant. » Mais déjà le candélabre s'élançait vers la ville. Les murs s'ouvrirent pour le laisser passer, et lorsqu'il fut dans le Saint Lieu le temple prit la luminosité de l'albâtre. « Il est rentré, constata Benjamin en frémissant. Quelqu'un a réalisé le rêve de ma longue vie, quelqu'un a délivré la menorah. Il faut que j'aille la contempler de mes propres yeux, moi, le témoin choisi par mes aînés. Je veux la voir reposer dans le tabernacle de l'Eternel! » Son vœu fut exaucé : il entra dans le Saint des Saints. Mais l'éclat du chandelier était insoutenable. Ses sept flammes répandaient une clarté incandescente qui lui fit si mal aux yeux qu'il poussa un cri et s'éveilla.

*
**

Benjamin ne dormait plus et cependant sa douleur persistait, au point que le choc brûlant de la lumière lui fit brusquement refermer les paupières. Mais cela n'y fit rien. Mettant alors une main en abat-jour au-dessus de ses yeux, il s'aperçut que c'était le soleil qui lui cuisait le visage et qu'il avait dormi tout le reste de la nuit à l'endroit où il avait cru mourir. Un rayon qui filtrait à travers les branches l'avait réveillé. Tout désorienté il se releva péniblement en s'agrippant au tronc de l'arbre et regarda devant lui : la mer immense et azurée, telle qu'il l'avait vue pour la première fois à l'heure de son enfance, et Byzance toute éblouissante de blancheur s'étendaient à ses pieds. Le monde s'offrait à lui dans la couleur et l'éclat d'un matin méridional. En vérité, Dieu ne voulait pas qu'il mourût ! Résigné, le vieillard courba la tête et se mit à prier.

Quand il eût achevé son invocation à celui qui donne la vie et mesure toute chose selon sa volonté et ses décrets, il sentit qu'on le touchait légèrement dans le dos. Zacharie était derrière lui. Benjamin eût aussitôt l'intuition qu'il était là depuis longtemps et avait veillé sur son sommeil. Avant que le vieillard fût revenu de son étonnement l'orfèvre lui dit doucement :

— Je te cherchais depuis l'aurore. Lorsque ceux de Péra m'apprirent que tu avais pris le chemin des collines, je n'eus point de cesse que je ne t'eusse retrouvé. Tout le monde était très inquiet à ton sujet. Mais moi, je ne craignais rien. Car je sais que Dieu a encore besoin de toi. Viens chez moi! J'ai une mission à te confier.

— Quelle mission? Je n'en veux plus. Dieu m'a trop souvent éprouvé, faillit répondre Benjamin. Mais il était encore sous l'influence réconfortante de son rêve et il crut reconnaître dans le regard souriant de son ami un doux reflet de la lumière bienfaisante qui éclairait le paisible pays qu'il venait d'entrevoir. Il ne refusa pas et ils descendirent jusqu'à la mer; là ils prirent un bateau et bientôt ils furent devant la cour du Palais. Des factionnaires montaient une garde sévère aux portes de la résidence impériale, mais ceux-ci — à la surprise de Benjamin — les laissèrent entrer sans difficulté.

— Mon atelier est attenant au trésor, lui expliqua Zacharie, c'est là que je travaille pour l'empereur, invisible et à l'abri du danger. Entre, et que ta venue sous mon toit soit bénie! Ne crains pas qu'on nous dérange : nous sommes et nous resterons seuls!

***

Les deux hommes traversèrent sans bruit l'atelier dans la pénombre duquel on voyait luire des objets artistement ciselés : l'orfèvre ouvrit une petite porte dissimulée qui conduisait, en descendant quelques marches, à un appartement retiré qui lui servait de logement et de cabinet particulier. Les fenêtres en étaient fermées et grillées, les murs disparaissaient dans une complète obscurité; une lampe coiffée d'un abat-jour traçait sur la table un petit cercle d'or.

— Assieds-toi, ami, dit Zacharie à son hôte, tu dois être fatigué et avoir faim!

Il rangea son travail, apporta du pain et du vin et quelques coupes élégamment sculptées qu'il remplit de dattes, de noix et d'amandes. Puis il releva légèrement l'abat-jour. Le cercle lumineux s'agrandit, envahit toute la table et éclaira les mains osseuses et ridées de Benjamin qu'il avait jointes avec lassitude. L'orfèvre l'encouragea d'un : « Mange, ami! » Qu'elle paraissait tendre et familière à l'Eprouvé cette voix étrangère; elle lui faisait l'effet d'une brise venue d'un pays lointain. Il prit avec plaisir quelques fruits, rompit lentement son pain, et but à petites gorgées discrètes le vin aux reflets pourpres. Il lui était doux de pouvoir se recueillir et d'attendre dans le silence la communication de Zacharie. Il aimait cet homme comme s'il le connaissait depuis son enfance. Parfois il risquait un regard timide vers l'orfèvre qui, caché par la pénombre, se tenait en face de lui dans une attitude pleine d'affectueuse sollicitude.

Comme s'il avait senti le besoin qu'éprouvait le vieillard d'une plus grande intimité, Zacharie enleva complètement l'abat-jour. La lumière jusqu'alors concentrée sur la table se répandit dans toute la pièce. Pour la première fois, Benjamin put examiner de près cet ami qu'il n'avait fait jusqu'ici qu'entrevoir, ce visage délicat, maladif, fatigué, couvert de rides sans nombre qu'on eût cru creusées par le burin et dans lequel se reflétaient une muette souffrance et une patience calme et laborieuse. Lorsque Zacharie leva les paupières et le regarda à son tour, Benjamin vit s'allumer dans ses yeux une douce lueur. Ce sourire donna du courage au vieillard.

— Comme tu es différent des autres à mon égard, lui dit-il. Ils m'en veulent de ne pas avoir accompli de miracle; je les avais pourtant conjurés de n'en pas attendre de moi. Toi seul, qui m'as facilité l'accès auprès de Justinien, me fais bonne figure. Et malgré tout ils ont raison de se moquer de moi! Pourquoi ai-je réveillé leurs espoirs, pourquoi suis-je venu? Pourquoi suis-je encore en vie? Pour voir le chandelier continuer ses voyages et nous fuir!

Mais Zacharie lui répondit en continuant de sourire:

— Ne te révolte pas. Peut-être était-il encore trop tôt et notre moyen n'était-il pas celui qui convenait. A quoi bon d'ailleurs disposer du chandelier tant que notre temple sera en ruine et que durera notre exil? Dieu veut peut-être que la destinée de la menorah demeure encore secrète et ne soit pas révélée au peuple.

Benjamin se sentit réconforté. Ces paroles réchauffaient son âme.

Il courba la tête et dit comme s'il se parlait à lui-même :

— Excuse mon découragement. Mais ma vie approche de son terme. J'ai patienté quatre-vingts ans et mon cœur est las d'attendre. Depuis la première fois que j'ai tenté de sauver la menorah, j'ai vécu uniquement pour la revoir, assister à sa délivrance et à son retour, et j'ai vu les années s'écouler avec résignation. A présent, me voici un vieillard : comment pourrais-je espérer plus longtemps?

— Tu n'attendras plus. Tout sera réalisé sous peu.

Benjamin leva les yeux. L'espoir faisait battre son cœur. Le sourire de Zacharie s'accentua.

— Ne t'ai-je pas dit que je voulais te charger d'une mission?

— Quelle mission?

— Celle que tu désirais.

Benjamin frissonna. Ses mains, qui l'instant d'avant reposaient avec lassitude sur la table, se mirent à trembler comme une feuille agitée par le vent.

— Tu veux... tu veux... que j'aille trouver l'empereur une nouvelle fois!

— Non, il ne s'agit pas de cela! Justinien ne revient jamais sur ce qu'il a dit. Il ne nous rendra pas la menorah.

— A quoi bon rester sur terre, alors? A

quoi bon vivre? Pourquoi demeurer ici-bas à me lamenter, à charge à tout le monde, si le chandelier est parti et perdu à tout jamais!

Le sourire de Zacharie éclairait de plus en plus son visage.

— Le chandelier ne nous a pas encore quittés!

— Comment peux-tu le savoir, comment peux-tu dire cela?

— Je le sais. Aie confiance en moi!

— Tu l'as vu?

— Sans doute. Il était encore à la trésorerie il y a deux heures.

— Mais depuis ils l'ont emporté?

— Pas encore!

— Mais en ce moment, où est-il?

Zacharie ne répondit pas tout de suite. Ses lèvres entr'ouvertes tremblèrent à deux reprises mais n'émirent aucun son. Enfin il se pencha davantage au-dessus de la table et lui chuchota à l'oreille, comme on révèle un secret :

— Ici! Chez moi! Près de nous!

Benjamin sursauta comme s'il avait reçu un choc au cœur.

— Chez toi?

— Dans cette maison. Dans cette pièce. C'est pour cela que j'ai été te chercher.

Benjamin frémit. Le calme de Zacharie le stupéfiait. Il joignit inconsciemment les mains et murmura d'une voix à peine perceptible :

— Chez toi? Comment est-ce possible?

— Si étrange que cela puisse te paraître, il n'y a là rien de mystérieux. Tous les objets du trésor doivent passer par mon atelier et par mes mains. Cette fois encore on va me confier tout le butin que Bélisaire a repris aux Vandales pour que j'en détermine la valeur et le poids; j'ai demandé de commencer par le chandelier. Les esclaves de la trésorerie l'ont apporté hier. J'ai la permission de le garder sept jours.

— Et ensuite?

— Ensuite un navire l'emportera.

Benjamin pâlit de nouveau. Pourquoi l'avoir fait venir? Pour constater une fois de plus la proximité de la sainte menorah et assister à son départ? Mais Zacharie lui sourit d'une manière significative.

— J'ai aussi le droit de prendre un moulage de toutes les richesses du trésor impérial. Souvent, lorsqu'il n'existe qu'un exemplaire d'un objet on m'en commande une copie, car on se fie à mon talent. C'est ainsi d'ailleurs que j'ai exécuté la couronne de Justinien sur le modèle de celle de Constantin et le diadème de Théodora d'après celui que porta Cléopâtre. J'ai donc demandé l'autorisation de copier le candélabre avant son embarquement et je vais me mettre à l'ouvrage dès aujourd'hui. Les creusets sont déjà chauds, l'or est prêt. Dans sept jours j'aurai fait un nouveau chandelier qui sera si semblable au nôtre que personne ne pourra les distinguer l'un de l'autre; leur poids, leur ciselure, leur grainure même seront identiques. Leur unique différence, c'est que l'un sera une œuvre sacrée et l'autre une œuvre profane. Nous serons désormais seuls, toi et moi, à savoir lequel nous conserverons et lequel prendra le chemin de l'exil.

Les lèvres de Benjamin cessèrent de trembler. Son sang circula tout à coup plus chaud dans ses veines, sa poitrine se dilata, ses yeux s'allumèrent. Le sourire de son compagnon se refléta dans sa vieille figure crevassée. Il comprenait. Cet homme allait accomplir aujourd'hui ce qu'il avait tenté hier. Il allait reprendre le chandelier, mais en restituant l'or et en n'arrachant en somme des mains des infidèles que la sainteté de l'objet. L'exploit de Zacharie qui avait été jusque-là le but de son existence ne le rendit point jaloux. Il dit humblement :

— Dieu soit loué! Je puis mourir à présent. Tu as trouvé la voie que j'ai vainement cherchée. Dieu m'avait élu, toi, il t'a béni!

Zacharie l'arrêta :

— Non. Si quelqu'un doit rapatrier le chandelier, ce sera toi et personne d'autre.

— Mais je suis un vieillard, je puis mourir en route, et il retombera entre des mains étrangères.

L'orfèvre sourit avec assurance.

— Tu ne mourras pas. Tu le sais bien : ta

vie ne prendra pas fin tant que son but ne sera pas atteint.

Benjamin se rappela que la veille il avait voulu mourir et que Dieu était resté sourd à sa prière. Peut-être avait-il vraiment une mission à remplir? Il ne refusa pas davantage et déclara simplement :

— Je ne puis aller contre la volonté de Dieu. S'il m'a réellement élu, comment pourrais-je me dérober? Va et mets-toi au travail!

*
**

L'atelier de Zacharie demeura fermé à tout le monde pendant sept jours. Sept jours durant lesquels il ne mit pas le pied dehors. L'éternel flambeau se dressait devant lui sur un socle, majestueux comme au temps où il ornait l'autel de Dieu, cependant que palpitaient silencieusement les flammes du four, où se liquéfiaient des débris de bagues, de colliers et de médailles d'or. Benjamin ne disait pas une parole; il observait le métal en fusion qui nageait dans le creuset et qui, devenu tout à fait liquide, s'écoula dans un moule tout prêt à le recevoir, où il le vit se solidifier en refroidissant. Plus tard un coup de spatule prudent brisa le moule et fit apparaître la silhouette du nouveau chandelier. Le fût s'élançait robuste et droit de la base du support; sept tiges incurvées en jaillissaient à la façon des branches d'un arbre; on distinguait nettement à leur extrémité les coupes destinées à recevoir les cierges. Maniant limes et burins d'une main infatigable, l'orfèvre se mit alors à graver sur sa surface encore unie les guirlandes qui décoraient la sainte menorah : le candélabre naissant ressemblait de plus en plus au flambeau millénaire, l'imitation au modèle. Finalement le septième jour, ils eurent l'air l'un à côté de l'autre de deux frères jumeaux, tant était identique leur dimension, leur poids, leur teinte, leur cachet. Cependant Zacharie les comparaît à tout moment d'un œil expert; il ne cessait de ciseler et de bosseler l'ouvrage bien-aimé, de recourir à son burin le plus fin, à sa lime la plus mordante. Enfin il s'arrêta. On ne pouvait plus découvrir la moindre différence entre les deux objets; ils se ressemblaient de façon si parfaite que Zacharie, de crainte de s'y tromper lui-même, reprit une dernière fois son burin et fit une marque imperceptible au centre d'un fleuron pour distinguer son chandelier de celui du temple.

Ceci fait, il ôta son tablier de cuir et se lava les mains. Pour la première fois depuis sept jours, il adressa la parole à Benjamin :

— Ma tâche est terminée. La tienne commence. Tu vas emporter notre chandelier et en faire ce que bon te semblera.

Mais à son étonnement Benjamin refusa.

— Tu as travaillé pendant sept jours. Durant ce temps j'ai médité et interrogé mon cœur. Je redoute que ce que nous nous proposons de faire ne soit une tromperie. Car tu as pris une chose et tu en rends une autre à ceux qui se sont fiés à toi. Non, il ne faut pas que nous leur restituions le faux et que nous gardions le vrai. Dieu n'aime pas la tricherie et s'il m'a brisé le bras lorsque j'ai tendu la main vers le chandelier de nos ancêtres, je sais qu'il ne hait pas moins la duperie et qu'il dessèche l'âme des trompeurs.

Zacharie réfléchit.

— Mais si le trésorier choisissait lui-même le faux?

Benjamin leva la tête.

— Le trésorier sait que l'un est ancien et l'autre neuf. S'il nous réclame le vrai, nous devons le lui remettre. Cependant si Dieu veut qu'il ne précise pas et qu'il n'ait pas de préférence pour l'un ou pour l'autre, puisque tous deux ont le même poids d'or, nous n'aurons, je pense, rien fait de mal en gardant le vrai. S'il pouvait choisir le tien, nous considérerions cela comme un signe divin. Mais ce n'est pas à nous de décider.

Zacharie envoya son esclave chez le trésorier. Celui-ci vint; c'était un homme corpulent et jovial, aux petits yeux ronds et vifs, aux pommettes rouges. A peine entré dans le vestibule, il examina en connaisseur deux coupes d'argent ciselées récemment terminées, les fit délicatement tinter du doigt et en admira l'élégante décoration. Puis il prit l'une après l'autre les camées qui se trouvaient sur l'établi et les regarda curieusement à la lumière. Il examina un à un tous les travaux de l'orfèvre, achevés ou non, avec tant de plaisir, de passion, que Zacharie dut le prier de venir voir les chandeliers, le millénaire et le nouveau-né, qui se dressaient l'un à côté de l'autre sur leur socle, majestueux, éclatants.

Le trésorier s'approcha avec attention des candélabres. On sentait que son cœur d'expert était impatient de découvrir un défaut, une imperceptible dissemblance qui lui permît de distinguer la copie de l'original. Il les tourna et les retourna soigneusement sur toutes les faces pour bien les exposer à la lumière. Il les soupesa, en gratta l'or, il se recula, se rapprocha, vérifia avec une attention croissante l'irréprochable égalité de leurs proportions. Puis, l'œil armé d'une loupe puissante, il en étudia les moindres stries, les moindres rainures. Il ne put cependant déceler la plus petite différence entre eux. Fatigué, il abandonna cet examen inutile et frappa sur l'épaule de Zacharie en lui disant :

— Tu es un maître, Zacharie. Tu es toi-même un trésor pour notre trésorerie. Tu as la main tellement sûre que personne ne pourra jamais distinguer l'ancien chandelier du nouveau. Bravo, mon cher ami!

Déjà il s'éloignait avec indifférence pour

revenir aux camées et en choisir une pour lui. L'orfèvre dut le rappeler.

— Lequel désires-tu?

Le trésorier lui répondit avec insouciance, sans se retourner :

— Donne-moi celui que tu voudras! Peu m'importe!

Benjamin sortit alors du coin où il s'était réfugié, craintif et anxieux.

— Seigneur nous te prions de choisir toi-même!

Le trésorier regarda avec étonnement le vieil étranger. Que venait faire ce singulier personnage? Pourquoi l'implorait-il avec des yeux aussi ardents, aussi angoissés? Mais bienveillant comme il l'était, et trop poli pour ne pas consentir à la prière d'un vieillard, il fit demi-tour. Il prit avec enjouement une petite pièce de monnaie et la lança en l'air. Elle retomba, décrivit un cercle sur le sol, pivota trois fois sur elle-même, se coucha, se retourna et s'arrêta enfin à sa gauche. Le trésorier désigna en souriant le flambeau qui se trouvait du même côté : ce sera donc celui-ci! Puis il alla appeler ses esclaves pour qu'ils le transportassent à la trésorerie. L'orfèvre accompagna son protecteur jusqu'au seuil de l'appartement avec force politesses et remerciements.

Benjamin était resté à sa place. Il caressait le chandelier d'une main tremblante. C'était la sainte menorah! Le trésorier avait choisi l'autre.

***

Quand Zacharie revint, il aperçut Benjamin toujours immobile devant le candélabre et le dévorant des yeux. Le vieillard s'étant enfin retourné, l'orfèvre crut voir briller dans ses prunelles un reflet doré; la quiétude que verse dans le cœur une franche résolution s'était emparée de l'Eprouvé, qui dit doucement :

— Dieu te rende grâce, mon frère! A présent, procure-moi un cercueil!

— Un cercueil?

— Ne t'étonne pas. J'ai beaucoup réfléchi pendant ces sept jours et ces sept nuits au moyen de rendre la paix au chandelier. Comme toi je me suis d'abord dit : si nous le sauvons il appartiendra au peuple qui veillera sur lui. Mais où est-il, notre peuple, où réside-t-il? Partout nous ne sommes que tolérés, quand on ne nous expulse pas; nous ne possédons pas d'asile où le candélabre serait en sécurité. Dès que nous avons une maison, on nous en chasse; dès que nous construisons un temple, on nous le détruit : tant que la violence prévaudra parmi les hommes, le chandelier ne connaîtra pas de repos sur terre. C'est sous terre qu'est la tranquillité. C'est là que les morts se délassent de leurs voyages; là l'or n'attire pas les voleurs et n'excite pas la cupidité. Que la menorah y trouve enfin le repos après ses longues pérégrinations !

— Tu veux enterrer le chandelier pour toujours? demanda Zacharie surpris.

— Est-il dans le pouvoir de l'homme de concevoir l'éternité? Comment fixerais-je un terme à quelque chose quand j'ignore celui de ma propre existence? Je puis donner le repos à la menorah, mais Dieu seul connaît la durée de ce repos. Je puis accomplir l'acte, mais non en prévoir les suites, mais non mesurer les siècles, l'éternité. C'est à Lui, à Lui seul de décider du sort. J'ensevelis le chandelier faute de connaître un autre moyen de le protéger efficacement, mais qui peut savoir pour combien de temps? Peut-être le Tout-Puissant le laissera-t-il éternellement dans les ténèbres, et notre peuple dispersé continuera-t-il d'errer désespérément à travers le monde. Peut-être au contraire — et mon cœur en a la ferme conviction, — sa volonté sera-t-elle qu'Israël retourne dans sa patrie. Il saura bien alors — sois-en sûr ! — choisir quelqu'un qui prendra une bêche et déterrera la menorah, comme il m'a choisi pour l'enfouir. Ne t'inquiète pas de sa décision, laisse faire Dieu et le temps ! Qu'on croie le chandelier perdu, peu importe ! L'or ne se désagrège pas comme le corps humain dans le sein de la terre, pas plus que notre peuple dans la nuit des âges. Tous deux dureront.

Soyons persuadés que le chandelier que nous allons enterrer ressuscitera un jour et éclairera encore le peuple d'Israël ayant retrouvé son pays. Car tant que nous ne cesserons pas de croire nous résisterons aux épreuves!

Les deux hommes détournèrent les yeux, semblant regarder dans le lointain.

Puis Benjamin répéta encore une fois :

— Procure-moi un cercueil.

⁂

Le menuisier mandé par Zacharie avait apporté l'objet demandé. C'était, selon le désir exprimé par Benjamin, une bière du type courant, pour qu'en route elle n'éveillât pas d'autre curiosité que celle que peut provoquer un pèlerin emportant avec lui, fait assez fréquent, le corps d'un parent en terre sainte. Dans cette boîte en sapin le chandelier serait en sécurité, car seuls les morts parmi les choses de ce monde échappent à la convoitise des hommes.

Les deux Juifs déposèrent pieusement la menorah dans le coffre funèbre. Ils enveloppèrent avec soin ses bras dorés dans des écharpes de soie et dans de lourds brocarts semblables à ceux dont on entourait la Thora, la fille de Dieu; ils remplirent les vides avec de l'étoupe et de la laine pour empêcher que le métal ne résonnât contre le bois pendant le transport et ne trahît leur secret. En le couchant ainsi d'une main précautionneuse et tremblante dans le berceau des morts, ils ne pouvaient s'empêcher de frissonner à la pensée que si Dieu n'était pas favorable à la destinée d'Israël ils seraient les derniers à avoir contemplé le chandelier de Moïse. Avant de refermer la bière ils prirent une solide feuille de parchemin sur laquelle ils écrivirent que Benjamin Marnefesch, dit l'Eprouvé, de la race d'Abthalion, et Zacharie, du sang d'Hillel, certifiaient avoir mis de leurs propres mains la sainte menorah dans ce cercueil en la huitième année du règne de Justinien, afin que si quelqu'un déterrait un jour ce chandelier il sût qu'il s'agissait du véritable flambeau du peuple Juif. Ils roulèrent le parchemin et l'introduisirent dans un étui de plomb que l'orfèvre souda hermétiquement pour que l'humidité et la moisissure ne détériorassent pas l'écriture et qu'il attacha au fût du candélabre avec une chaînette d'or. Ceci fait ils fermèrent et clouèrent la boîte. Ils n'échangèrent plus une parole jusqu'au bateau qui allait emmener Benjamin et le cercueil à Jaffa. Là, alors que la voile claquait déjà au vent, Zacharie prit congé de son ami l'Eprouvé et lui dit en l'étreignant :

— Dieu te soutienne et te protège! Qu'il guide tes pas et bénisse ton entreprise. Nous étions jusqu'à cette heure les derniers à connaître la route du chandelier. Désormais tu seras seul.

Benjamin s'inclina pieusement :

— Je ne le serai que peu de temps. Ensuite il n'y aura plus que Dieu qui saura où repose sa menorah.

***

Comme c'était l'usage chaque fois qu'un navire abordait à Jaffa, une multitude de curieux s'étaient réunis sur le rivage pour saluer et regarder de près les arrivants. Il y avait parmi eux quelques Juifs qui n'eurent pas de peine à reconnaître que Benjamin était de leur race. Lorsqu'ils remarquèrent que derrière ce vieillard à barbe blanche des matelots transportaient une bière, sans hésiter, d'un accord tacite, ils se pressèrent autour du cercueil et le suivirent en cortège. Accompagner les morts une partie de leur dernier voyage, aider pieusement à l'inhumation d'un des leurs, même d'un inconnu, était, selon leur croyance, un acte charitable et agréable à Dieu. Dès que les autres Juifs de la ville eurent connaissance de la nouvelle, aucun d'eux n'essaya de se dérober à ce devoir sacré. Abandonnant leurs occupations ils accoururent sans bruit de toutes les rues et ruelles, de toutes les maisons, et l'escorte grossit sans cesse jusqu'à l'auberge où Benjamin devait passer la nuit. Là, après qu'on eût déposé la bière à côté de son lit — conformément à l'étrange caprice du vieillard — ils rompirent le silence. Ils saluèrent leur coréligionnaire par des bénédictions et ils lui demandèrent d'où il venait et où il se rendait.

Benjamin répondit laconiquement. Il craignait qu'ils ne fussent déjà au courant de ce qui s'était passé au palais de Byzance et que quelqu'un le reconnût. En même temps il voulait éviter de mentir à l'ombre du chandelier : il leur demanda la permission de se taire. Il avait pour mission d'ensevelir le cercueil et il lui était défendu d'en dire davantage. Il coupa court aux questions indiscrètes en s'enquérant des lieux saints où il pourrait l'enterrer. Les Juifs de Jaffa sourirent avec un muet orgueil : le pays tout entier était sacré et la terre y était sainte par définition. Cependant ils lui indiquèrent les endroits, grottes et champs, reconnaissables à des amoncellements de pierres non taillées, où reposaient les ancêtres et les patriarches, les mères de la tribu, les héros et les rois d'Israël, et ils lui vantèrent les vertus de ces saints lieux. Aucun juste ne manquait de les visiter pour y puiser de douces consolations. Ils s'offrirent obligeamment à le guider, car ce vieillard leur imposait le respect et leurs âmes pressentaient un mystère, et, s'il y consentait, ils inhumeraient avec lui ce mort inconnu en joignant leurs prières aux siennes. Mais Benjamin refusa leur concours et les congédia avec force remerciements. Il pria simplement l'aubergiste de mettre à sa disposition, pour le lendemain, moyennant une forte rétribution, une mule ainsi qu'un esclave connaissant les routes et assez vigoureux pour creuser une tombe à la place qu'il lui indiquerait. L'hôte lui promit qu'au lever du soleil son propre serviteur serait prêt à l'accompagner où il le désirerait.

L'Eprouvé vécut dans l'auberge de Jaffa sa dernière nuit d'angoisse et de tourment. La confiance abandonna encore une fois son âme; sa décision lui pesait douloureusement. Il ne cessait de se demander s'il avait réellement le droit de cacher à ses frères le retour et la délivrance du chandelier et de leur taire son secret. Car si les ossements, si les tombeaux des ancêtres dispensaient aux affligés de douces consolations, quel ne serait pas le ravissement de ce peuple opprimé, proscrit et dispersé aux quatre vents, s'il soupçonnait que le chandelier, que l'emblème de son unité n'était pas perdu, mais qu'il était délivré et attendait en sécurité, enfoui dans le sein de la terre natale, le jour du retour définitif à Jérusalem.

« Ai-je le droit, gémissait-il dans son insomnie, de garder pour moi seul ce secret, d'emporter dans la mort ce qui verserait la joie et l'espérance au cœur de toute une nation? Je sais que le peuple d'Israël a soif de réconfort : quel terrible destin pour lui de toujours vivre dans l'attente et dans l'incertitude, de mettre éternellement sa foi dans l'Ecriture sans jamais apercevoir une éclaircie! Et pourtant si je me tais, il conservera le chandelier ! Dieu aide-moi ! Quelle conduite dois-je adopter vis-à-vis de mes frères? Dois-je renvoyer le serviteur de mon hôte une fois que la tombe sera recouverte en le chargeant d'annoncer qu'elle renferme un gage sacré? Ou bien faut-il que je persiste dans mon silence pour que personne en dehors de Toi ne connaisse l'emplacement de la sépulture ? Dieu, décide pour moi ! Une fois déjà tu m'as guidé, guide-moi encore ! Fais que je n'aie pas à prendre de décision. »

Mais la nuit demeurait muette et le sommeil fuyait l'Eprouvé. Il resta étendu jusqu'au point du jour sans pouvoir clore ses paupières brûlantes; plus il s'interrogeait, plus il s'empêtrait dans un inextricable réseau de difficultés angoissantes. Déjà l'orient s'embrasait sans que la clarté jaillît dans le cœur du vieillard. A ce moment le patron de l'auberge entra dans sa chambre, le front soucieux.

— Pardonne-moi, lui dit-il, je ne peux t'envoyer le guide que je devais te procurer. Il est tombé en syncope pendant la nuit; l'écume lui sortait de la bouche. En ce moment il est couché en proie au délire. J'ai bien un autre esclave à ta disposition, mais je dois t'avouer qu'il ne connaît pas le pays et qu'en outre il est muet : Dieu lui a fermé la bouche depuis sa naissance. Cependant si tu veux t'en contenter tu peux l'avoir.

Benjamin ne regarda pas son hôte. Mais il leva les yeux vers le ciel avec gratitude. Dieu lui avait répondu. Il lui envoyait un muet pour que fût gardé le silence. Un muet qui ne connaissait pas la région, afin que la sépulture demeurât éternellement secrète. Son âme était apaisée.

— Dis à l'homme de venir, fit-il en remerciant l'aubergiste. Et ne t'inquiète pas, je trouverai mon chemin !

*
**

Benjamin marcha toute la journée à travers la solitude à côté de son silencieux compagnon la bêche sur l'épaule. La mule les suivait de son pas tranquille et régulier, la bière attachée en travers sur le dos. Parfois ils passaient devant de pauvres cabanes poussiéreuses qui se dressaient au bord de la route mais le vieillard ne s'y arrêtait pas. Quand il rencontrait des voyageurs, il leur adressait le salut de la paix, en évitant toute conversation. Il avait hâte d'accomplir sa mission, d'enterrer le chandelier : où? il l'ignorait encore, mais une crainte mystérieuse lui interdisait de choisir lui-même l'endroit. « Dieu me fera bien signe, pensait-il avec recueillement. J'attendrai que sa volonté se manifeste. » Les deux hommes avançaient toujours dans la campagne qui s'obscurcissait peu à peu : déjà la nuit étendait ses ailes derrière les collines. Le ciel était chargé de lourds nuages qui fuyaient çà et là avec affolement et voilaient la lune qui — cela se devinait au léger halo dominant les côteaux — se trouvait à son apogée. On était à une heure ou deux du gîte le plus voisin.

Soudain la mule s'arrrêta. L'esclave la prit par la bride pour la forcer à avancer. L'entêté animal, les pattes de devant arc-boutées au sol, le tira en arrière en claquant les dents avec colère. Il refusait d'aller plus loin. Furieux, le muet saisit sa bêche pour en porter un coup avec le manche dans les flancs de la bête rétive, mais le vieillard le retint par le bras en lui ordonnant de patienter et de la laisser se reposer un instant. Cet arrêt était peut-être le signe espéré.

Benjamin regarda autour de lui. Il se trouvait dans un vallon sombre et désert. Ni maison ni cabane en vue: ils devaient s'être écartés de la route de Jérusalem. Voilà bien l'endroit le plus favorable à l'accomplissement secret de notre besogne, pensa-t-il. Il sonda le sol avec son bâton : il était gras, ferme et pas rocailleux du tout. On aurait vite fait d'y creuser une fosse que les collines d'alentour protégeraient contre les tempêtes de sable qui effacent rapidement toute trace. Il ne s'agissait plus maintenant que de trouver une place convenable. Il regarda longuement autour de lui avant de prendre une ultime décision. Il aperçut alors au milieu des champs, à un ou deux jets de pierre de la route, un arbre ombreux, étrangement semblable par la forme et la taille à celui de la colline de Péra, sous lequel il s'était endormi. Il se souvint de son rêve et la confiance renaquit dans son cœur. Il commanda aussitôt au muet de détacher la bière du dos de la mule; à peine ce dernier eut-il obéi que l'animal déraidit ses membres et courut vers le vieillard qui sentit sur sa main le souffle chaud de ses naseaux. C'était bien la bonne place, sa conviction s'affermissait de plus en plus; il fit signe à l'esclave qui se mit courageusement à l'ouvrage. La bêche semblait rendre des sons argentins : docile, le muet creusait activement la terre. Il atteignit bientôt la profondeur requise. Une chose encore restait à faire : mettre la bière dans la fosse. Lentement, sans rien soupçonner, le serviteur prit dans ses larges et robustes bras le pesant cercueil et le fit glisser avec précaution dans le trou. Précieuse amande d'or enfermée dans sa coquille que la glèbe éternellement vivante et féconde recouvrirait bientôt de verdure, la menorah allait pouvoir dormir du sommeil éternel.

Benjamin s'inclina pieusement : « Je suis le dernier témoin, se disait-il en tremblant sous le poids écrasant de cette pensée, des aventures de notre chandelier; à présent, personne en ce monde hormis moi n'est au courant du mystère qui l'entoure, personne sauf moi ne sait où il se trouve. » A ce moment la lune se montra. Les nuages qui voilaient son éclat depuis le soir se dissipèrent un instant et un puissant flot de blanche lumière inonda le sol : on eût dit qu'au-dessus d'eux brillait une immense prunelle, mais ce n'était pas un œil humain, ombragé de cils, doux et mobile; il était rond, froid comme la glace, dur et immobile. Il plongea jusqu'au fond de la tombe béante et l'illumina ; les bords de la cavité apparurent avec netteté, et les lisses parois du cercueil étincelèrent comme du métal poli. Ce regard venu des profondeurs de l'infini ne brilla qu'une minute; les nuages recouvrirent aussitôt la lune vagabonde. Mais Benjamin savait qu'un autre œil que le sien avait vu la tombe du chandelier.

Sur un signe de l'Eprouvé, l'esclave se mit à combler la fosse; le travail terminé et le sol redevenu égal, il lui ordonna de s'en retourner avec la mule. Le muet fit des gestes désespérés. Il s'efforçait de lui expliquer qu'il ne devait pas demeurer seul au milieu des ténèbres dans un pays inconnu, qu'il avait à redouter les voleurs et les animaux féroces. L'homme eût voulu l'accompagner tout au moins jusqu'à l'étape la plus proche. Mais le vieillard lui enjoignit avec impatience de se conformer à ses ordres, et, comme il hésitait encore, il le chassa en l'invectivant. Il avait hâte de voir disparaître homme et bête au tournant du chemin et d'être seul sous la voûte immense des cieux au cœur de la nuit gigantesque.

Il se rapprocha de la tombe et la tête courbée il récita la prière des morts : « Grand et saint est le nom de l'Eternel en ce monde et dans les autres, maintenant et à l'heure de la résurrection... » Il aurait bien voulu, conformément au pieux usage, déposer une pierre ou une marque quelconque sur la terre fraîchement remuée. Mais il se retint à cause du secret, et il partit à travers la campagne sans se retourner une seule fois, sans savoir où il allait. Il n'avait plus de but à présent que le chandelier était enterré. Son anxiété l'avait quitté et son âme ne tremblait plus. Il avait accompli sa tâche. C'était maintenant à Dieu de décider du sort de la menorah.

Le vieillard marchait dans la nuit que les nuages et les étoiles assombrissaient et illuminaient alternativement. Sa joie augmentait à chaque pas. Il était ravi d'être débarrassé du fardeau qui avait pesé sur sa longue existence et une sensation inconnue de légèreté se répandait dans ses membres. Ses vieilles articulations s'étaient assouplies comme sous l'action d'un lubrifiant; son allure était aussi aisée que s'il eût glissé sur l'eau. Il volait plus qu'il ne marchait, en redressant la tête; il sentait comme un vent léger lui soulever les épaules, et il lui semblait — mais ne rêvait-il pas éveillé? — qu'il pouvait lever et agiter son bras paralysé. Son sang coulait plus limpide, il montait en lui en bouillonnant comme la sève d'un arbre et lui sifflait dans les oreilles.

Soudain il entendit un hymne puissant. Il ne put savoir si c'étaient les morts qui chantaient sous terre un chœur fraternel en l'honneur du rapatrié ou si cette vibrante musique descendait des étoiles qui brillaient d'un éclat de plus en plus vif. Il continuait d'avancer comme s'il avait des ailes à travers la nuit frémissante.

⁂

Le lendemain matin, des gens qui se rendaient au marché de Ramleh découvrirent un vieillard dans un champ à proximité de la route. Il était mort. L'inconnu était étendu sur le dos, la tête nue. Il avait les bras largement écartés comme s'il voulait embrasser l'infini et il tendait les mains comme quelqu'un qui va recevoir un présent. Son visage était paisible et radieux et il avait les yeux grands ouverts. Quand un des marchands se pencha pour les fermer il vit qu'ils étaient pleins de lumière et que le ciel tout entier se reflétait dans ses prunelles rondes et calmes.

Sous sa barbe on remarquait que les lèvres de l'inconnu étaient violemment pincées : on eût dit qu'elles voulaient empêcher un secret de sortir.

⁂

Quelques semaines plus tard, le faux chandelier fut aussi emporté en terre sainte et placé sous l'autel de l'église de Jérusalem, selon les ordres de Justinien. Mais il n'y resta pas longtemps. Les Perses ayant pris la ville le brisèrent et le morcelèrent afin d'en faire des colliers pour leurs femmes et une chaîne pour leur roi. Le temps et l'esprit de destruction anéantissent immanquablement l'œuvre des hommes : la copie qu'avait façonnée l'orfèvre disparut donc sans laisser de trace.

Quant à l'éternel chandelier, protégé par le mystère, il demeure ignoré et intact dans son tombeau. Le temps a poursuivi au-dessus de lui sa course inexorable, des peuples et des peuples ont envahi au cours des siècles le sol où il repose, des races étrangères innombrables ont combattu près de lui sans troubler son sommeil; il a échappé au banditisme et à la cupidité des hommes. Parfois de nos jours le voyageur foule d'un pas rapide la terre qui le protège, parfois des passants font la sieste à midi au bord de la route tout près de lui; mais personne ne soupçonne sa présence, la curiosité humaine n'a pas encore violé sa retraite. Il demeure le secret de Dieu et dort dans les ténèbres des âges; qui sait s'il y dormira toujours, invisible et pleuré par son peuple qui continue d'errer d'exil en exil, ou si l'on finira par le découvrir le jour où Israël se retrouvera lui-même et s'il resplendira de nouveau dans le temple de la paix?

RACHEL CONTRE DIEU

(Légende)

De nouveau le peuple obstiné et versatile de Jérusalem avait oublié l'alliance jurée, de nouveau il avait fait des sacrifices sanglants aux idoles de bronze apportées de Tyr et d'Ammon. Il ne lui avait pas suffi de dresser des autels et d'y encenser de fausses divinités, l'image de Baal se dressait même dans la propre maison de Dieu, dans le temple édifié par Salomon, son serviteur, qu'empestaient la fumée et le sang des holocaustes sacrilèges.

Lorsque Dieu vit qu'on se moquait de lui jusqu'au cœur même de son sanctuaire, la colère l'enflamma. Il étendit la main droite et longtemps son cri ébranla les cieux : sa patience était à bout, il avait décidé d'exterminer la ville pécheresse et de disperser ses habitants comme de l'ivraie à travers le vaste monde. L'annonce résonna comme un coup de tonnerre d'une extrémité à l'autre de l'infini.

La terre et les cieux tremblèrent de terreur devant le ressentiment de Dieu. Les fleuves se mirent à fuir, les mers se courbèrent, les montagnes titubèrent comme des hommes ivres et les rochers s'inclinèrent; les oiseaux tombèrent morts sur le sol. Les anges se cachèrent même la tête derrière leurs ailes immenses : bien qu'ignorant la douleur ils ne pouvaient supporter la colère du regard de Dieu et la fureur de son cri leur avait traversé les oreilles comme une lance.

Seuls, en bas, sur la terre, les habitants de la ville condamnée, sourds aux paroles divines, ne savaient rien de l'arrêt prononcé. Ils avaient simplement constaté un tremblement soudain du sol, que la lumière du soleil s'était éteinte au milieu du jour, qu'une tempête s'était élevée qui brisait les cèdres comme fétus de paille et devant laquelle les buissons se recroquevillaient comme de petits animaux. Bientôt, portés par l'ouragan, des nuages accoururent et couvrirent le ciel d'un voile obscur; le malheur planait au-dessus de la tête des impies cependant que sous leurs pieds le sol devenait fuyant comme l'eau.

Pris de terreur ils se précipitèrent hors de leurs demeures pour que le toit ne s'effondrât pas sur eux. Mais lorsqu'ils levèrent les yeux ils eurent plus peur encore car déjà les nuages étaient plus menaçants que des rochers, et l'air brûlant avait un goût de soufre. C'est en vain que, pareils à des déments, ils déchiraient à présent leurs vêtements et répandaient des cendres sur leurs cheveux, c'est en vain qu'ils se jetaient à terre pour demander pardon au Seigneur de leur témérité — les nuées devenaient toujours plus noires et éteignaient toute clarté sur le pays.

La colère du tout-puissant s'était exprimée avec tant de force que les morts s'étaient réveillés, que les âmes des défunts étaient sorties en sursaut de leur sommeil de plomb. Car si les morts ne peuvent voir la lumière du regard de Dieu, il leur est donné d'entendre les trompettes du Jugement et de distinguer le son de sa voix. C'est ainsi qu'ils se dressèrent dans leur tombe et sortirent de terre. Avec des bruits d'ailes, comme des oiseaux qui luttent contre un grand vent, les âmes des pères et des aïeux se rassemblèrent pour aller en commun implorer Dieu et détourner sa vengeance de leurs fils et des toits de la ville sainte. Isaac et Jacob, Abraham, les patriarches, pressés les uns contre les autres, s'avancèrent et exhalèrent leur prière. Mais le tonnerre déchira leur demande, la parole de l'Eternel coupa leur balbutiement : il avait depuis trop longtemps supporté l'ingratitude démesurée des impies; à présent, il était décidé à détruire le temple pour que ceux qui avaient refusé son amour le reconnussent dans sa colère. Et comme les patriarches ne savaient plus que dire, les phophètes au verbe de feu, Moïse, Samuel, Elie et Elisée, eux qui avaient exprimé par leur bouche la pensée de Dieu, s'avancèrent et parlèrent avec leur cœur. Mais l'Eternel ne les écouta point et le vent renvoya dans leur barbe les mots qu'ils prononcèrent. Déjà les éclairs se faisaient plus violents et leur feu s'apprêtait à dévorer le temple et ses tours.

Les hommes saints perdaient courage et leurs âmes piétinées tremblaient impuissantes devant Dieu; ils ne disaient plus un mot de crainte d'affronter son courroux. Toutes les voix de la terre s'étaient tues de frayeur, quand apparut Rachel, l'aïeule d'Israël, seule osant échapper à l'étreinte de sa terreur. Elle aussi, elle avait entendu, dans son tombeau, à Ramah, le message de la colère divine et les larmes coulaient de ses yeux, car elle pensait aux enfants de ses enfants. Armée de sa volonté, elle s'avançait vers l'Invisible. Elle s'agenouilla devant lui en étendant les mains et adressa ces paroles à l'Eternel:

« Mon cœur tremble de te parler, Dieu Tout-Puissant, et pourtant pourquoi m'as-tu donc donné un cœur, s'il doit trembler devant ta fureur, pourquoi m'as-tu donné des lèvres si elles ne doivent qu'exprimer la terreur dans la prière? J'ai peur de toi, mais je t'adresse un appel au nom de ton amour; la détresse de mes enfants me pousse à faire entendre mon humble voix dans ton infini. Tu ne m'as donné ni la finesse ni la ruse et je ne trouve rien d'autre pour apaiser ta colère que de te parler de moi qui ai su un jour triompher de la mienne. Sans doute, sais-tu ce que je vais te dire avant même que je l'aie énoncé, car chaque mot est depuis longtemps formé en toi avant de devenir un son sur la lèvre humaine et tu connais chaque geste avant qu'il soit ébauché par une main terrestre. Pourtant, je t'en supplie, aie la patience de m'écouter pour l'amour des pécheurs. »

Ayant ainsi parlé, Rachel baissa la tête. Mais l'Eternel vit son visage et ses larmes. Il retint sa fureur pour écouter la femme qui souffrait.

Or, lorsque Dieu, dans les cieux, écoute quelque chose, tous les espaces se vident et la marche du temps est suspendue. Les vents ne soufflèrent plus, le tonnerre se cacha, les serpents ne rampèrent plus, les oiseaux cessèrent de voler et plus aucun souffle ne sortit d'aucune bouche. Les heures devenaient silencieuses et les chérubins étaient comme pétrifiés. Car l'attente de Dieu arrête toute respiration et met fin aux bruissements du ciel. Le soleil lui-même est immobilisé et la lune ne bouge plus; tous les fleuves partagent son attente et cessent de couler.

En bas, sur terre, les hommes se blottissaient où ils le pouvaient, ne sachant rien de l'intervention de Rachel ni de l'attention que Dieu prêtait à ses paroles : les hommes sont toujours ignorants des choses divines et ne peuvent pas deviner ce qui se passe dans les cieux. Ils ne s'aperçurent que d'une chose, c'est que, tout d'un coup, au-dessus de leurs têtes, la tempête cessait. Mais, lorsque, pleins d'espoir, ils levèrent les yeux ils virent que le ciel était encore aussi noir que le couvercle d'un cercueil et les ténèbres aussi menaçantes dans leur silence. Alors ils eurent peur de nouveau et ce silence les enveloppa comme un suaire.

Cependant Rachel, sentant que l'attention de Dieu était portée sur elle, releva son visage mouillé de larmes et trouva le courage de parler ainsi, malgré ses craintes :

« Fille de Laban -- Dieu tu le sais — j'étais bergère dans le pays d'Haran, vers l'Orient, et je gardais les brebis de mon père, selon son commandement.

« Or, un matin que nous les conduisions boire et que les servantes n'arrivaient pas à écarter la pierre de la fontaine, un jeune homme s'avança pour nous aider, un bel étranger qui nous étonna par la vigueur de son corps. C'était Jacob que tu nous avais envoyé, le neveu de mon père, et dès qu'il se fut nommé, je le conduisis dans notre maison. Il n'y avait pas une heure que nous nous connaissions que déjà nos regards s'enflammaient, déjà nous avions soif l'un de l'autre. La nuit je m'éveillai pour penser à lui — tu le vois, Dieu, je n'ai pas honte de mon sang, car n'est-ce pas toi, l'auteur de ce miracle, n'est-ce pas toi qui as fait naître dans notre cœur le buisson ardent de l'amour?

C'est toi Dieu, toi seul qui as voulu que la vierge s'offrît à l'homme, que les regards et les corps communiassent avec passion. C'est pourquoi loin de résister à notre flamme avions-nous échangé, Jacob et moi, le premier jour que nous nous vîmes, la promesse solennelle de nous unir.

« Mais mon père Laban — Dieu tu le sais — était un homme sévère, dur comme le sol que sa charrue éventrait, dur comme la corne des taureaux qu'il soumettait au joug. Aussi lorsque Jacob émit le vœu de m'épouser mon père voulut-il mettre ce prétendant à l'épreuve et savoir s'il serait, selon son désir, endurant au travail et patient dans la vie. Il exigea donc de lui qu'il travaillât pendant sept ans à son service pour montrer qu'il était digne de m'avoir pour femme. Devant cette décision, mon âme se mit à trembler et le sang de Jacob cessa de couler dans ses veines, tant ce délai semblait sans fin à notre attente. Dieu, je le sais, sept années pour toi représentent à peine une goutte d'eau dans l'océan de ton éternité, un battement de paupières pour ton regard éternel, puisque le temps passe comme une fumée dans l'infini de ton ciel. Et pourtant, Dieu, sept années, daigne y songer, sont pour nous, les humains, un dixième de la vie, car à peine avons-nous ouvert les yeux à ta sainte lumière qu'approche déjà la nuit de la mort. Notre existence coule avec la rapidité d'un fleuve au printemps, et aucun flot ne remonte à sa source. C'est pourquoi sept ans nous paraissaient dans notre impatience une éternité impossible à mesurer, sept années dans le lointain, tandis que nos corps attendaient si proches l'un de l'autre, que nos lèvres se desséchaient dans l'attente du baiser.

« Pourtant, mon Dieu, Jacob accepta l'épreuve cependant que je me courbai devant l'ordre de mon père. Et nos mains pressèrent nos cœurs pour le dompter et le soumettre à l'obéissance et à la patience.

« Dieu, comme cette patience est dure pour tes créatures, car tu nous as donné un cœur brûlant de vie et tu as enraciné en nous une conscience angoissée de la brièveté de notre existence. Nous savons, Dieu, que l'automne est proche du printemps et notre été de courte durée ; c'est pourquoi notre sang se gonfle de tant d'impatience, notre main est si avide de saisir ce que nous désirons et même de se réjouir de ce qui passe avec rapidité. Comment pourrions-nous apprendre à attendre, quand chaque jour qui s'écoule nous vieillit, à patienter quand notre vie s'éteint chaque nuit, à ne pas brûler quand un feu dévorant consume le temps, à ne point nous hâter quand le pas de la mort nous poursuit? Malgré tout, Dieu, nous nous sommes maîtrisés, nous avons résisté à notre passion. Chaque jour en paraissait mille à notre nostalgie, tant nous nous aimions. Et pourtant lorsqu'elles se furent écoulées, ces sept années, nous crûmes qu'elles n'avaient pas duré plus d'un jour. Ainsi, Dieu, j'ai attendu Jacob qui m'aimait.

« A la fin de notre attente, je me rendis avec joie auprès de Laban, mon père, et lui demandai de fixer le jour des fiançailles. Mais mon père ne voulut pas voir ma joie; son front s'obscurcit et sa bouche resta close. Puis il m'ordonna d'appeler Léa, ma sœur.

« Dieu, tu le sais, Léa était mon aînée, elle était sortie du sein de ma mère deux ans avant moi. Tu lui avais donné un visage sans grâce, les hommes ne la regardaient pas; et le fait que personne ne désirait la prendre pour femme l'affligeait beaucoup. Justement sa souffrance et sa douceur me la rendaient chère. Pourtant quand mon père me commanda d'aller la chercher et me fit sortir dès qu'elle fut devant lui, j'eus le pressentiment qu'il voulait comploter quelque chose avec elle. Je me cachai donc, de façon à surprendre leur entretien. Mon père lui adressa ces paroles :

« Ecoute, Léa, voici sept ans que mon ne-
« veu Jacob travaille à mon service pour pou-
« voir épouser Rachel, mais je ne veux pas de
« cela à cause de toi; car qu'arriverait-il si
« la plus jeune quittait la maison la première,
« et si l'aînée restait ici sans époux, livrée
« à la dérision des servantes? Un tel événe-
« ment serait contraire à la volonté de Dieu,

« insensé et impie. Car si au début du monde,
« au matin de la terre, Dieu nous a créés,
« c'est pour peupler son univers de créatu-
« res, afin qu'un jour il y en ait des my-
« riades pour célébrer son nom. Il ne veut pas
« que son sol demeure en friche et que les
« êtres auxquels il a donné la vie disparais-
« sent sans postérité, sans s'être reproduits.
« Pas de génisse, pas de brebis dans mon
« étable qui n'ait de progéniture. Comment
« pourrais-je tolérer que ma fille demeure
« vierge, vive dans l'opprobre et la honte.
« Apprête-toi donc Léa à prendre l'écharpe
« nuptiale, dont tu envelopperas bien ton vi-
« sage pour que Jacob ne te reconnaisse pas
« quand je te conduirai à lui au lieu de Ra-
« chel. »

« Ainsi parla mon père à Léa, qui tremblait de peur et se taisait. Dès que j'eus entendu ce discours décevant, mon cœur s'enflamma de colère contre Laban, mon père, et contre Léa, ma sœur. Pardonne-moi, Dieu, mais veuille songer que Jacob n'avait servi durant sept ans que pour moi, que pendant sept ans nous avions souffert, Jacob et moi, de ne pouvoir être l'un à l'autre et que maintenant les bras de celui que j'aimais plus que moi-même devaient enlacer ma sœur à ma place! Mon esprit se cabra et je me révoltai contre mon père, Dieu, comme mes enfants se sont révoltés contre toi, leur père éternel. Mon Dieu, n'est-ce pas toi qui as fait que nous redressons la nuque avec colère dès que nous souffrons d'une injustice! Je me rendis en secret auprès de Jacob et lui dis à l'oreille de prendre garde car le lendemain mon père voulait envoyer quelqu'un à ma place. Et pour le mettre à l'abri de toute tromperie je lui donnai un moyen de me reconnaître : sa vraie fiancée le baiserait trois fois au front avant de pénétrer sous sa tente. Jacob fut d'accord et me promit de tenir compte de mes conseils.

« Quand le soir fut venu, mon père fit préparer le voile de fiancée qui devait servir à Léa. Il lui en couvrit deux fois le visage pour que Jacob ne s'aperçût pas du stratagème avant de l'avoir connue. Quant à moi il m'avait reléguée dans le grenier afin de me soustraire aux regards des serviteurs et de les empêcher ainsi d'aller avertir l'objet de mon amour.

« J'étais là comme une chouette dans l'ombre et à mesure que la nuit tombait le ressentiment grandissait en moi; je pensais que la douleur allait faire éclater ma poitrine, car — Dieu, tu le sais — je ne pouvais admettre le mariage de ma sœur et de Jacob. Et je me mordais les poings lorsqu'en bas la musique joyeuse des cymbales commença à résonner. La douleur et l'envie déchiraient mon cœur comme deux lions.

« Ainsi prisonnière et oubliée, je dévorais ma colère dans la solitude. Il faisait déjà sombre sous mon toit, aussi sombre que dans mon âme, lorsque j'entendis la porte s'ouvrir doucement. Dieu! C'était Léa, ma sœur, qui se glissait en secret vers moi avant la nuit nuptiale. Je l'avais reconnue à son pas, pourtant je me détournai avec hostilité comme si je ne la reconnaissais pas, car mon cœur ne pouvait qu'être mal disposé à son égard. Cependant Léa s'approchait de moi avec douceur; ses doigts caressèrent tendrement mes cheveux et lorsque je levai les yeux je m'aperçus que l'angoisse troublait l'éclat de ses pupilles.

« A ce moment-là Dieu — je puis te l'avouer à toi — le mal triompha en moi. Son désarroi, son appréhension, me firent du bien, et je jouis comme d'une vengeance de voir qu'à elle aussi ce jour était amer. Mais la malheureuse ne soupçonnait rien de ma joie méchante; n'avions-nous pas partagé fraternellement le lait de notre mère et ne nous étions-nous pas toujours aimées depuis notre enfance? Elle était donc venue avec confiance et ses bras enlaçaient mon cou. Mais ses lèvres étaient pâles et tremblantes lorsqu'elle me dit d'une voix plaintive :

« Que faire Rachel, ma sœur? Je souffre tant « de la décision de notre père. Il t'a pris ton « bien-aimé pour me le donner, mais j'ai « honte de tromper cet homme candide; com- « ment aurai-je le courage d'aller le trouver, « lui qui t'attend, comment pourrai-je m'unir

« à lui? Je sens que mes jambes se refuseront
« de me porter et mon cœur me déconseille
« cette action. J'ai peur, Rachel, j'ai peur,
« car il est impossible qu'il ne me reconnaisse
« pas au premier regard? Et quelle sera ma
« honte s'il me chasse immédiatement de sa
« maison? Pendant trois générations les en-
« fants se moqueront de moi en disant : Léa
« est cette femme laide qui a sauté au cou
« d'un homme et qui a été repoussée par lui
« comme un chien galeux. Comment agir, Ra-
« chel? Aide-moi, ma chère sœur, dois-je ten-
« ter l'aventure ou résister à notre père dont
« la main est si lourde? Comment faire, pour
« que Jacob ne me reconnaisse pas trop tôt
« et que la honte ne frappe pas une inno-
« cente? Viens à mon secours, Rachel, ma
« sœur, je t'en supplie au nom du Dieu misé-
« ricordieux. »

« Dieu, ma colère était encore entière, et malgré mon amour pour ma sœur je continuais à avoir des pensées méchantes; ses angoisses me comblaient de plaisir comme un mets délicieux. Mais en l'entendant prononcer ton saint nom, ton nom saint entre tous, en l'entendant rappeler ta miséricorde, il me sembla qu'un rayon de feu me traversait, que mon cœur s'élargissait, que ta puissante bonté, le flot ardent de ta générosité, Dieu, pénétraient en mon âme assombrie. Car c'est là un de tes éternels miracles : toujours tombe la cloison que nous avons mise entre nous et le monde dès que nous nous rendons compte des souffrances de notre prochain et que nous prenons conscience de ses épreuves.

« Soudain je ressentis les tourments de ma sœur comme s'ils eussent été les miens, je ne pensai plus à moi-même, je n'entendis plus que son cri de détresse. Compatissant à sa douleur, j'eus pitié d'elle — écoute bien ta folle servante, Dieu — j'eus pitié d'elle quand je la vis verser des larmes comme j'en verse aujourd'hui devant Toi. J'eus pitié d'elle lorsqu'elle fit appel à ma miséricorde, comme ma bouche brûlante fait aujourd'hui appel à la tienne. Et, contre moi-même, je lui appris à tromper Jacob et je lui communiquai notre signe de reconnaissance, je lui dis de le baiser trois fois sur le front avant d'entrer dans sa tente. Ainsi, Dieu, j'ai pu faire violence à ma jalousie, j'ai pu trahir Jacob et mon amour par amour pour toi.

« Après m'avoir écoutée, Léa ne se contint plus et tomba à mes pieds, baisant mes mains et l'ourlet de mes habits. Tu as ainsi fait les créatures : dès que leur apparaît un signe de ta sainte bonté, l'humilité les empoigne et la gratitude les meut. Nous nous jetâmes dans les bras l'une de l'autre en nous baisant le visage et en nous mouillant mutuellement les joues de larmes. Léa était déjà plus calme et voulait gagner la tente de Jacob. Mais au moment où elle se levait, l'inquiétude obscurcit encore ses yeux et ses lèvres se mirent de nouveau à blêmir et à trembler.

« Je te remercie, ma sœur, me dit-elle, de « ta bonté. Je te remercie et vais t'obéir. Mais « si Jacob ne se laissait pas prendre à mon « piège? Conseille-moi encore, ma sœur, « guide-moi encore. Dis-moi, que faire lors- « qu'il me parlera comme s'il s'adressait à « toi? Puis-je rester silencieuse quand le « fiancé parlera à sa fiancée? Impossible pour- « tant de lui faire entendre ma voix sans « qu'il s'aperçoive de la supercherie. Et com- « ment faire autrement quand il m'adressera « la parole? Je t'en conjure, Rachel, viens à « mon aide, mets à mon service ta sagesse se- « courable par amour du Dieu miséricor- « dieux. »

« Et une fois de plus, Dieu, comme elle invoquait ton saint nom, une ardente lumière me traversa, écartant toute dureté de mon âme qui s'ouvrit à la bonté et compatit à sa détresse. De nouveau je fis violence à mon cœur déchiré, je piétinai ma douleur. Ma miséricorde avait fait de moi un être prêt à tous les sacrifices.

« Sois rassurée, ma chère Léa, dis-je à ma sœur et chasse tes soucis. Par amour de l'Eternel qui a pitié de nous tous, je ferai le nécessaire pour que Jacob ne s'aperçoive de rien avant de t'avoir connue. Ecoute-moi bien : tout à l'heure je me glisserai dans sa tente avant que notre père t'y conduise et je m'y tapirai dans l'ombre à côté de votre couche. Et lorsque Jacob te parlera je lui répondrai à ta place, c'est ma voix qu'il entendra. De cette façon, s'il avait des soupçons ils tomberont et il n'hésitera plus à te prendre dans ses bras et sa semence fécondera ton corps. Je ferai cela, Léa, à cause de l'amour que nous avons l'une à l'égard de l'autre depuis notre enfance et aussi pour l'amour de l'Eternel, notre père miséricordieux, que tu as invoqué, afin qu'il veuille bien étendre sa pitié sur mes enfants et mes petits-enfants lorsqu'à leur tour ils pourront avoir besoin d'invoquer son saint nom.

« Dieu, Léa me sauta de nouveau au cou et baisa mes lèvres. Elle était changée, une autre femme avait remplacé celle qui s'était traînée à mes pieds. Sans crainte, désormais, elle partit s'offrir à Jacob, cachée derrière son voile. Quant à moi, j'exécutai mon triste plan. Je me faufilai en secret dans la tente de Jacob et me cachai près du lit. Bientôt j'entendis le bruit joyeux des cymbales qui accompagnait les pas des fiancés ; déjà ils se trouvaient dans l'ombre de la porte. Sur le seuil, Jacob, dans l'attente du signe de reconnaissance convenu avec moi, hésita un instant avant de bénir sa fiancée. Aussitôt Léa le baisa à trois reprises sur le front. Jacob content et prenant Léa pour moi l'attira contre lui avec passion et la porta sur la couche nuptiale, tout près de mes lèvres qui frissonnaient. Mais avant de la prendre, il demanda : « Est-ce bien toi, Rachel, que je sens contre moi? » Alors, — l'épreuve était vraiment rude pour moi, tu le sais, Dieu omniscient — je fis entendre ma voix, je murmurai avec la même souffrance que si l'on m'eût arraché un clou planté dans la chair : « C'est moi, Jacob, ton épouse! » Ces paroles le rassurèrent et il posséda Léa, ma sœur, avec toute la force de son amour. Cependant — Dieu, tu le sais, car ton regard est aussi pénétrant que la faucille est tranchante — je restai là immobile, presque contre eux, comme sur des charbons ardents, sachant que Jacob ne montrait une telle passion pour Léa que parce qu'il croyait que c'était moi — moi qui le désirais de toute l'ardeur de mon sang — qu'il tenait dans ses bras. Dieu souviens-toi, toi qui es présent partout, de cette nuit que je passai là près d'eux, l'âme et les genoux meurtris, obligée d'entendre ce qui se passait, en pensant que j'étais privée de tout cet amour dont Jacob comblait Léa et qui pourtant me revenait. Je restai là agenouillée durant sept heures, sept éternités, retenant mon souffle, étouffant mes cris dans ma gorge, luttant avec moi-même comme Jacob lutta jadis avec ton ange. Dieu, tu le sais, ces sept heures me parurent cent fois plus longues que les sept années d'attente voulues par mon père. Or jamais je n'aurais pu supporter cette nuit d'épreuve, je n'aurais pu endurer pareille souffrance si je n'avais sans cesse invoqué ton saint nom et si la pensée de ton infinie patience ne m'avait donné des forces.

« Voilà, Dieu, ce que j'ai fait, la seule action terrestre dont je tire gloire, parce que je t'ai ressemblé par la patience et la miséricorde — parce que la détresse de mon âme dépassait toute mesure humaine. Je ne sais pas si tu as jamais soumis une femme à une épreuve aussi terrible que celle que j'ai connue dans cette tragique nuit, la plus longue de toutes les nuits, et pourtant j'y ai résisté. Quand j'entendis le chant du coq, je me relevai, le corps épuisé, tandis qu'eux avaient succombé à la fatigue. Je me hâtai de regagner la demeure de mon père, car bientôt la supercherie allait être découverte. Mes mâchoires claquaient quand je songeais à ce qui se passerait alors. A peine étais-je étendue sur ma couche que j'entendis les vociférations de celui qui avait été trompé. Avec la violence d'un taureau en furie, il accourait une hache à la main pour en frapper Laban, mon vieux père, que la voix de Jacob avait paralysé de frayeur et qui s'écroula sur le sol en t'invoquant. En entendant invoquer ton nom béni entre tous, le courage me prit et je me précipitai à la rencontre de Jacob pour détourner sa fureur sur moi. Le malheureux était aveuglé par la colère; dès qu'il m'aperçut, moi, qui avais aidé à l'abuser, il me laboura le visage à coups de poing et je tombai à terre. Mais, Dieu, je ne me plaignais pas, car je savais que son courroux était la preuve d'un grand amour. Même s'il m'avait tuée — déjà dans sa rage il avait levé sa hache sur moi — Dieu, je ne me serais point présentée pour me plaindre devant ton trône éternel, car si je l'avais trompé à cause d'une grande douleur je savais que sa fureur était due à un grand amour.

« Aussitôt que Jacob m'eut vue étendue à ses pieds, le visage sanglant et les yeux à demi-révulsés, lui aussi connut la pitié. La hache qu'il avait brandie lui tomba des mains et il s'agenouilla et baisa mes lèvres rouges de sang. Et il ne fut pas seulement miséricordieux envers moi, il le fut aussi envers mon père Laban, auquel il pardonna par amour pour moi et il ne chassa pas Léa de sa tente. Sept ans plus tard, d'accord avec mon père, il me prit comme seconde épouse et par lui je donnai le jour à des enfants que j'ai nourris du lait de mon corps et avec la foi en toi, des enfants auxquels j'ai recommandé de faire hardiment appel dans les moments de grande détresse au Dieu miséricordieux que tu es. Et c'est au nom de ta miséricorde, Dieu, que je m'adresse à toi aujourd'hui dans mon ultime détresse. Fais ce que Jacob a fait. Laisse tomber la hache de ton courroux, fais se dissiper les nuages de ton ressentiment! Parce que Rachel a eu pitié, aie pitié, Dieu; montre ta patience parce que j'ai montré la mienne et épargne la ville sainte. Epargne, Dieu, mes enfants et mes descendants, épargne Jéruscholajim! »

Rachel avait élevé la voix comme si elle devait traverser tous les cieux. Mais après ces implorations venues du cœur, ses forces étaient à bout. Elle tomba à genoux, sa tête s'inclina jusqu'au sol et, comme les flots d'un noir torrent, ses cheveux ondoyèrent sur son corps tremblant. Rachel, à genoux, tremblait toujours et attendait la réponse de Dieu.

Mais Dieu se taisait. Or, rien n'est plus terrible sur la terre ni dans les cieux que le silence divin. Quand Dieu se tait, le temps ne marche plus et la lumière s'éteint; le jour et la nuit ne sont plus qu'une même chose et dans l'infini ne règne plus que le vide d'avant la création. Tout mouvement s'arrête, les fleuves cessent de couler, les arbres de fleurir et la mer ne bouge plus sans la voix de Dieu qui lui donne son rythme. Aucune oreille humaine ne peut supporter la vibration de ce silence, aucun cœur humain ne peut résister à la pression de ce vide où Dieu seul se trouve, et lui-même n'est plus le Dieu vivant tant qu'il se tait, lui, la source de toute vie.

Rachel non plus, elle pourtant patiente parmi les patients, ne pouvait plus supporter ce silence infini de l'Eternel devant l'appel de sa criante détresse. Une fois encore elle leva les yeux vers l'Invisible, ses mains maternelles se dressèrent vers le ciel et dans le feu de la colère elle lança ces paroles enflammées :

« Ne m'as-tu pas entendue, Dieu omniprésent, ne m'as-tu pas comprise, toi qui comprends tout, ou bien faut-il que je t'explique mes paroles, moi, ton ignorante servante? Ecoute donc, Dieu dur d'oreille : j'ai connu moi aussi la jalousie quand Jacob a ensemencé ma sœur, comme tu la connais aujourd'hui en voyant mes enfants encenser d'autres dieux que toi. Pourtant, moi, faible femme, j'ai su maîtriser mon ressentiment, j'ai fait montre de miséricorde pour l'amour de toi que je croyais un Dieu miséricordieux; j'eus pitié de Léa et Jacob eut pitié de moi, ne l'oublie pas, Dieu. Nous tous, qui ne sommes que de pauvres mortels nous avons dompté le mal de l'envie, mais toi, Dieu tout-puissant, toi qui as tout créé et tout fait, toi qui es le commencement et le couronnement de toute chose, toi qui es l'océan alors que nous ne sommes que des gouttes d'eau dans cet océan, tu ne voudrais pas connaître la pitié? Je le sais, mes enfants sont un peuple à la nuque revêche et ils se révoltent souvent contre le joug sacré que tu leur as imposé, mais puisque tu es Dieu et le maître de toute mesure, ta longanimité ne doit-elle pas être plus grande que leur orgueil et ta miséricorde dépasser leurs fautes? Il ne se peut pas, Dieu, que devant tes anges une créature te fasse honte et qu'on puisse dire : il y avait une fois sur terre une femme, une faible mortelle, appelée Rachel, qui sut dompter son ressentiment, alors que Dieu, qui est le maître de tout et de tous, obéissait à sa colère comme un valet. Non, Dieu, cela n'est pas possible, car ainsi ta miséricorde ne serait pas infinie et toi-même tu ne serais pas infini, — tu ne serais pas Dieu. Tu ne serais pas le Dieu que je me suis représenté dans mes larmes, celui dont j'ai entendu la voix dans le cri angoissé de ma sœur; tu serais un Dieu étranger, un Dieu de colère, un Dieu de punition, un Dieu de vengeance, et moi, Rachel, moi qui n'ai servi qu'un Dieu d'amour et de bonté, moi, Rachel, je te maudirais à la face de tes anges! Ceux-ci peuvent baisser la tête et avec eux tes élus et tes prophètes; mais vois, moi, Rachel, la mère, je ne m'incline pas, je reste droite devant toi et je m'avance à ta rencontre au-devant de ta décision. J'entends m'élever contre toi avant que tu t'élèves contre mes enfants. Je t'accuse. Ta parole, Dieu, est en opposition avec ta nature et la colère de ta bouche est contraire à ton cœur. Juge donc, Dieu, entre toi et ta parole! Si tu es vraiment le Dieu de colère que tu annonces, rejette-moi dans les ténèbres avec mes enfants, car je ne veux point te voir sous ce jour et j'ai horreur de la violence de ta jalousie. Mais si tu es le Dieu de miséricorde que j'ai aimé depuis toujours et dont j'ai vécu l'enseignement, montre-toi tel, éclaire ma face de la lumière de ta bonté, épargne mes enfants, épargne la ville sainte. »

Quand Rachel eut lancé vers les cieux ces paroles acérées, de nouveau les forces lui manquèrent. Elle s'affaissa sur les genoux, la tête rejetée en arrière dans l'attente de la réponse d'En-Haut.

En proie à la terreur, les ancêtres et les prophètes s'écartèrent d'elle, car ils pensaient qu'un éclair allait foudroyer l'impie qui avait osé prendre Dieu à partie. Anxieusement ils regardaient au-dessus d'eux mais aucun signe n'apparut.

Cependant les anges, qui, devant le courroux de l'Eternel, s'étaient caché la tête, regardaient sous leurs ailes, en frissonnant, l'audacieuse qui s'était permis de mettre en doute la toute-puissance divine. Ils virent tout à coup qu'une lueur passait sur le visage de Rachel et que son front s'éclairait. De tout son être émanait une lumière et les larmes, sur ses joues maternelles, brillaient comme la rosée du matin. A cela les anges reconnurent que le regard de Dieu s'était posé sur le visage de Rachel et que c'était son amour qui l'illuminait. Et ils se rendirent aussi compte que Dieu aimait mieux celle qui niait la parole divine par excès de foi et par impatience que ceux qui la servaient pieusement par docilité.

La terreur des anges disparut; rassurés ils levèrent les yeux et s'aperçurent que la présence de Dieu avait ramené la clarté et redonné de la magnificence aux choses, que le bleu de son sourire apaisant se reflétait dans l'infini des espaces. Aussitôt les chérubins déployèrent leurs ailes dans un bruissement sonore, accompagné de la mélodie argentine des vents, ce qui fit comme une musique fluide dans la blancheur des cieux. L'éclat qui rayonnait du visage de Dieu devint une source infinie de lumière qui embrasa le firmament. En d'harmonieux accords, s'élevèrent les voix des anges, les voix des morts, les voix de tous ceux que Dieu n'avait pas encore appelés sur terre; tout devint un immense chant poussé par un souffle sacré.

Cependant les hommes, en bas, sur la terre, éternellement étrangers aux voies de Dieu, ne soupçonnaient rien de ce qui se déroulait là-haut. Enveloppés dans leurs suaires, ils inclinaient tristement le front vers le sol. Tout à coup, les uns après les autres, ils crurent sentir passer au-dessus de leurs têtes comme un vent printanier. Encore pleins d'incertitude, ils levèrent les yeux et furent émerveillés. Sur la muraille lézardée des nuages venait de se dessiner un magnifique arc-en-ciel qui allait porter à leur mère Rachel, dans les sept couleurs de sa lumière, l'annonce de leur réconciliation avec Dieu.

VIRATA

(Légende)

En ce temps-là, avant même que le grand Bouddha fût venu sur la terre et eût répandu parmi ses fidèles la lumière de la connaissance, vivait au pays des Birwagha, auprès d'un roi radjpoute, un noble homme, Virata, qu'on appelait « l'Eclair du Glaive », parce que c'était, outre un chasseur dont les traits ne manquaient jamais le but, un guerrier intrépide par-dessus tous les autres, dont la lance ne se dressait point en vain, dont le bras s'abattait comme la foudre lorsqu'il avait brandi l'épée. Son front était serein, ses yeux soutenaient sans broncher le regard des humains; personne ne l'avait vu plier sa main pour la crisper en un poing mauvais, et jamais on n'avait entendu sa voix pousser le cri de la colère. Il servait fidèlement son roi, et ses esclaves le servaient avec respect, car on ne connaissait pas d'homme plus juste le long des cinq bras du fleuve. Les gens pieux s'inclinaient en passant devant sa maison et le sourire des enfants, dès qu'ils l'apercevaient, se reflétait dans l'étoile de ses yeux.

Or, il arriva que le malheur s'abattit sur le souverain qu'il servait. Le frère de la femme du roi, que celui-ci avait mis comme administrateur à la tête de la moitié de son royaume, convoita la domination du royaume entier, et il avait secrètement séduit, par des présents, les meilleurs guerriers du pays, afin qu'ils lui prêtassent leurs services, et il avait gagné les prêtres, qui lui apportèrent de nuit les hérons sacrés du lac qui, depuis des milliers et des milliers d'années, étaient un signe de souveraineté au pays des Birwagha. Le rebelle fit équiper les éléphants, grouper les mécontents des montagnes en une armée et marcha contre la capitale.

Le roi fit du matin au soir frapper les cymbales de cuivre et il fit souffler dans les cors éclatants d'ivoire; la nuit on alluma des feux au haut des tours et on jeta dans un brasier les écailles broyées des poissons pour que leur flamme jaune brillât sous les étoiles comme un signe de détresse. Mais il ne vint que peu de monde; la nouvelle de l'enlèvement des hérons sacrés avait abattu l'âme des chefs et ils étaient découragés. Le commandant des guerriers et le grand-maître des éléphants, les plus éprouvés parmi ses capitaines, étaient déjà dans le camp des ennemis, et c'est en vain que le roi abandonné attendait qu'il lui vînt des amis (car il avait été un maître despotique, dur dans ses jugements et cruel dans le recouvrement des impôts). Et ainsi il ne vit devant son palais aucun de ses grands capitaines ni aucun de ses chefs de guerre; il n'y vit qu'une troupe d'esclaves et de valets en proie à la perplexité.

Dans son malheur, le souverain songea à Virata qui, au premier appel des cors, lui avait envoyé un message de dévouement. Il fit apprêter sa litière d'ébène et il se fit porter devant la maison de ce fidèle. Virata s'inclina jusqu'à terre, lorsque le roi descendit, mais celui-ci prit l'attitude d'un suppliant et lui demanda instamment de conduire son armée contre l'ennemi. Virata s'inclina et dit : « Je la conduirai, Seigneur, et je ne rentrerai pas dans cette maison avant que la flamme de la rébellion soit étouffée sous le pied de tes serviteurs. »

Et il rassembla ses fils, ses parents et ses esclaves; il se joignit avec eux à la troupe des fidèles et il s'organisa pour entrer en guerre. Tout le jour ils marchèrent à travers les taillis jusqu'au fleuve, sur l'autre rive duquel les ennemis, rassemblés en foule, s'enorgueillissaient de leur nombre et abattaient les arbres pour en faire un pont, afin que le lendemain ils pussent traverser le cours d'eau, se répandre dans le pays et l'inonder de sang. Mais Virata avait appris, à la chasse aux tigres, qu'il existait un gué en amont du pont; lorsque l'obscurité fut tombée, il conduisit un à un ses fidèles au delà du fleuve, et, pendant la nuit ils se précipitèrent à l'improviste sur l'ennemi plongé dans le sommeil. Ils brandissaient des torches de poix qui effarouchèrent les éléphants et les buffles, si bien que, dans leur fuite, ceux-ci écrasaient les corps des dormeurs, et la blancheur de l'incendie tournoya autour des tentes. Or, Virata, le premier de tous, s'était précipité dans la tente de l'anti-roi et, avant que les chefs réveillés en sursaut eussent pu faire un mouvement, son glaive en avait déjà tué deux, et il abattit le troisième comme celui-ci se levait et sautait sur son épée; quant au quatrième et au cinquième, Virata les tua en luttant contre eux, dans les ténèbres; à l'un il perça le front et à l'autre la poitrine encore nue. Quand ils furent là gisant en silence, ombres parmi les ombres, il se mit devant l'entrée de la tente pour que personne ne pût s'emparer des hérons sacrés, le gage donné par la divinité. Mais il ne vint plus aucun ennemi, car tous fuyaient dans un effroi insensé, ayant à leurs trousses les serviteurs du roi qui, victorieux, poussaient des cris de triomphe. Le flot des vaincus s'écoula et devint de plus en plus lointain. Alors Virata s'assit tranquillement devant la tente, les genoux croisés, tenant dans ses mains son arme sanglante et attendant que ses compagnons revinssent de leur poursuite acharnée.

Au bout de peu de temps, le jour divin s'éveilla derrière la forêt, les palmiers s'enflammèrent dans le rouge de l'aurore et brillèrent comme des torches dans le fleuve. Le soleil se leva tout sanglant, comme une blessure de feu, à l'Orient. Alors Virata se leva, lui aussi, se débarrassa de son vêtement, alla au fleuve, les mains dressées au-dessus de sa tête, et il s'inclina, en priant, devant l' « œil » brillant de la divinité; puis il descendit dans l'eau pour les ablutions sacrées, et le sang qu'il avait sur les mains se mit à couler. Mais dès que les ondes éclatantes de la lumière eurent touché sa tête, il revint sur la rive, se couvrit le corps et, le regard serein, retourna à la tente pour contempler à la clarté du matin les exploits de la nuit. Les morts étaient là étendus, l'épouvante empreinte sur la rigidité de leurs traits, les yeux révulsés et le visage crispé; l'anti-roi avait le front fendu et l'infidèle qui naguère était chef d'armée au pays des Birwagha avait la poitrine défoncée. Virata leur ferma les yeux et continua son inspection pour voir les autres qu'il avait tués dans leur sommeil. Ils étaient encore à demi-enveloppés dans leurs nattes; le visage de deux d'entre eux lui était étranger, c'étaient des esclaves du séducteur, venus du pays du Sud, avec des cheveux laineux et le visage noir. Mais dès qu'il eut tourné vers lui la face du dernier, une ombre voila son regard; il reconnut son frère aîné Belangour, le prince des montagnes, que l'anti-roi avait appelé à son aide et que Virata, dans l'obscurité de la nuit, avait tué de sa propre main.

Il se baissa, en tremblant, vers le cœur du guerrier abattu. Mais le cœur ne battait plus; les yeux du mort, grands ouverts, étaient fixes, et leur boule noire lui perçait l'âme. Alors Virata se sentit presque défaillir; comme un cadavre vivant il était là assis parmi les morts, détournant son regard, pour que l'œil de celui que sa mère avait engendré avant lui ne l'accusât pas de ce qu'il avait fait.

Or, bientôt on entendit des cris; comme des oiseaux sauvages, les serviteurs du roi, revenant de la poursuite des ennemis et chargés de riches butins, s'approchaient de la tente en poussant des exclamations d'allégresse. Lorsqu'ils aperçurent l'anti-roi mort au milieu des siens et virent que les hérons sacrés étaient sauvés, ils se mirent à danser et à sauter et embrassèrent Virata, qui était assis indifférent à côté d'eux. Et il en arrivait toujours davantage; ils chargèrent le butin sur des chars, mais il était si lourd que les roues s'enfonçaient dans la terre et qu'ils durent aiguillonner les buffles avec des branches d'épines pour les faire avancer. Un messager traversa le fleuve à la nage et courut porter au roi la nouvelle, mais les autres restèrent auprès du butin et ils se réjouissaient de leur victoire. Cependant Virata était muet et comme plongé en un rêve. Une seule fois sa voix s'éleva lorsqu'ils voulurent enlever aux morts leurs vêtements. Alors il se leva et il ordonna d'aller chercher du bois et d'entasser les cadavres sur un bûcher, pour que leurs âmes entrassent purifiées dans le Devenir. Les serviteurs s'étonnèrent qu'il agît ainsi à l'égard des conjurés, dont le corps méritait d'être déchiré par les chacals de la forêt et les ossements de blanchir sous les feux du soleil; cependant ils firent sa volonté. Lorsque le bûcher fut prêt, Virata y mit lui-même le feu et il jeta des parfums et du santal dans le bois en combustion, puis il détourna son regard et il resta là debout en silence jusqu'à ce que le bois devînt rouge, que le bûcher s'effondrât et que la braise tombât en cendres sur le sol.

***

Sur ces entrefaites des esclaves avaient achevé les ponts que, la veille, les hommes de l'anti-roi avaient commencés en fanfaronnant; en tête s'avancèrent les guerriers couronnés de fleurs de pisang, puis suivirent les serviteurs et les princes à cheval. Virata les laissa passer devant lui, car leurs chants et leurs cris retentissaient douloureusement dans son âme et, lorsqu'il se mit en marche, un intervalle fut laissé entre eux et lui selon sa volonté. Au milieu du pont il s'arrêta et regarda longuement l'eau qui coulait à droite et à gauche, tandis que devant lui et derrière lui s'arrêtaient aussi, pour garder la distance, les guerriers surpris, et ils le virent qui levait le bras au bout duquel était son épée, comme s'il voulait la brandir contre le ciel, mais en l'abaissant il laissa négligemment glisser la poignée et l'arme tomba dans le fleuve. Des deux rives des garçons nus sautèrent dans l'eau pour la lui rapporter, pensant qu'elle lui avait échappé par mégarde; mais Virata les rappela avec sévérité et reprit sa marche, le visage immobile et le front assombri, parmi les serviteurs étonnés. Plus une parole ne sortit de ses lèvres pendant que, lieue après lieue, la route jaune de leur patrie se déroulait sous leurs pas.

Lointaines encore étaient les portes de jaspe et les tours crénelées de Birwagha lorsque, à l'horizon, une nuée blanche monta dans le ciel, et cette nuée ne cessait de s'approcher; c'étaient des coureurs et des cavaliers qui chassaient devant eux la poussière. Dès qu'ils aperçurent l'armée ils s'arrêtèrent et déroulèrent des tapis sur la route pour indiquer que le roi venait au-devant de ses soldats, lui dont la semelle ne touche jamais la poussière terrestre depuis l'heure de la naissance jusqu'à celle de la mort, où la flamme reçoit et purifie son corps. Déjà, là-bas, sur l'éléphant chargé d'années, le monarque apparaissait, entouré de ses pages. Le pachyderme, obéissant à l'aiguillon, plia les genoux et le roi descendit sur le tapis étendu à ses pieds. Virata voulut se courber devant son maître, mais celui-ci alla à lui et le prit dans ses bras.

ce qui était pour un inférieur un honneur comme on n'en avait jamais encore vu de semblable dans le temps ni relaté de pareil dans les livres. Virata fit apporter les hérons et, lorsqu'ils battirent de l'aile, de telles acclamations éclatèrent que les chevaux se cabrèrent et que les cornacs durent user de toute leur autorité sur les éléphants pour pouvoir les maîtriser. Voyant la marque de la victoire, le roi embrassa Virata une seconde fois et fit signe à un serviteur. Celui-ci apporta l'épée du héros éponyme des Radjpoutes qui, depuis sept fois sept cents ans, reposait dans le trésor des rois, — cette épée dont la poignée était éblouissante de pierres précieuses et dans la lame de laquelle étaient inscrits en lettres d'or les mots mystérieux de la victoire, dans l'écriture des ancêtres, que ne pouvaient plus déchiffrer même les savants et les prêtres du grand temple. Le roi tendit à Virata le glaive des glaives, en gage de sa gratitude et comme emblème du pouvoir que désormais il posséderait en qualité de chef de ses guerriers et de conducteur suprême de ses peuples armés.

Mais Virata baissant les yeux prononça ces paroles :

— Puis-je solliciter une grâce du plus gracieux des rois et adresser une demande au plus magnanime d'entre eux?

Le roi le regarda et dit :

— Elle t'est accordée avant même que ton

œil se lève sur moi. Tu peux me demander la moitié de mon royaume, il est à toi dès que tu remueras les lèvres.

Alors Virata déclara :

— Permets donc, ô mon roi, que ce glaive reste dans le trésor, car je me suis fait le serment de ne plus toucher une seule arme depuis que cette nuit j'ai tué mon frère, l'être qui a grandi avec moi dans le même giron et qui a joué avec moi dans les bras de ma mère.

Le roi le regarda avec étonnement, puis il dit :

— Le premier de mes guerriers tu le seras donc sans porter de glaive, afin que je sache mon royaume en sûreté contre tout ennemi, car jamais un héros n'a mieux conduit une armée contre des adversaires supérieurs en nombre. Prends ma ceinture en signe d'autorité et prends mon cheval que voici, afin que tous te reconnaissent comme tel.

Mais Virata baissa encore une fois les yeux et répondit :

— L'Invisible m'a envoyé un avertissement, et mon cœur l'a compris. J'ai tué mon frère, afin que je sache que celui qui ôte la vie à un homme tue son frère. Je ne puis pas être chef de guerre, car dans l'épée réside la force et la force est contraire au droit. Celui qui participe au péché d'homicide est lui-même un mort. Or je ne veux pas que ma personne inspire la peur et je préfère manger le pain du mendiant plutôt que de ne pas respecter cet avertissement dont j'ai reconnu le sens. La vie est une chose brève dans l'éternel Devenir; permets que j'en vive ma part comme un homme juste.

Le visage du roi s'obscurcit un instant, et il y eut autour de lui un silence d'effroi aussi grand qu'avait été précédemment la violence du bruit, car on n'avait jamais encore entendu dire dans les temps des pères et des arrière-grands-pères qu'un homme libre eût renoncé à la guerre et qu'un prince eût refusé un présent de son roi. Mais le souverain regarda ensuite les hérons sacrés, signe de la victoire, que Virata avait capturés, et son visage retrouva sa clarté lorsqu'il prononça ces paroles :

— Je t'ai toujours reconnu brave contre mes ennemis, Virata, et comme un homme juste par-dessus tous les serviteurs de mon royaume. S'il faut donc que tu me manques dans les combats, je ne veux pas me passer entièrement de tes services. Puisque tu sais ce qu'est le péché et que tu le pèses comme un juste, tu seras le premier de mes juges et tu rendras la justice du haut de l'escalier de mon palais, afin que la vérité soit gardée dans l'enceinte de mes murailles et que le droit soit respecté dans le pays.

Virata s'inclina devant le roi et il embrassa ses genoux en signe de remerciement. Le roi le fit monter sur l'éléphant à son côté, et ils entrèrent dans la ville aux soixante tours dont les acclamations déferlaient autour d'eux comme une mer déchaînée.

*
**

Du haut de l'escalier couleur de rose, à l'ombre du palais, Virata rendit désormais la justice au nom du roi, du lever du soleil à son coucher. Sa parole était semblable à une balance qui oscille longtemps avant de mesurer un poids; son regard incisif sondait l'âme du coupable et ses questions pénétraient avec persévérance dans la profondeur des crimes comme un blaireau fouille la profondeur de la terre. Sévère était sa sentence, mais il ne la rendait jamais dans la même journée, laissant toujours entre l'interrogatoire et la condamnation le froid intervalle de la nuit : pendant les longues heures qui vont jusqu'au lever du soleil les siens l'entendaient alors marcher, sans répit, sur la terrasse de sa maison, en train de méditer sur le juste et l'injuste, et, avant de rendre son jugement il plongeait dans l'eau les mains et le front, afin qu'il fût pur de la fièvre de la passion. Et toujours, lorsqu'il l'avait prononcé, il demandait au condamné ce qu'il en pensait; mais il était très rare que quelqu'un y trouvât à redire; le coupable baisait en silence le bas de l'escalier et, la tête inclinée, acceptait la peine, comme si elle venait de la divinité.

Jamais de la bouche de Virata n'était sorti l'arrêt de mort, même lorsqu'il s'agissait d'un grand criminel, et il n'écoutait pas ceux qui en étaient partisans. Il ne voulait pas verser le sang. La margelle du puits rond des ancêtres radjpoutes où le bourreau, autrefois, courbait les têtes pour frapper et qu'avait, à force d'y couler, brunie le sang des suppliciés, était redevenue blanche au cours des années. Et, cependant, dans le pays, les crimes n'étaient pas plus nombreux. Il faisait enfermer les malfaiteurs dans la prison des rochers, à moins qu'il ne les envoyât dans la montagne casser des pierres pour édifier les murs des jardins, ou dans les moulins à riz au bord de la rivière dont ils tournaient les roues avec les éléphants; il respectait la vie et les hommes le respectaient, car jamais un manquement n'avait été découvert dans ses arrêts, ni de la négligence dans ses interrogatoires, ni de la colère dans ses paroles. Du fond des campagnes lointaines venaient les paysans, dans leur chariot à buffles, pour lui soumettre leur différend, et les prêtres écoutaient ses discours, comme le roi cédait à ses conseils. Sa renommée grandissait comme grandit la tige du bambou, droite et lisse; les hommes oublièrent le nom qu'ils lui donnaient autrefois. Il n'était plus l'Eclair du Glaive, mais, d'un bout à l'autre du territoire des Radjpoutes, ils l'appelaient la « Source de la Justice ».

*
* *

Or, c'était la sixième année que Virata disait le droit sur le degré du parvis du roi, lorsqu'il advint que des plaignants amenèrent un jeune homme de la tribu des Kazares, ces sauvages qui habitent sur les rochers et qui servent d'autres dieux; ses pieds étaient comme une plaie, tellement il avait dû accomplir de journées de marche avant d'arriver, et un quadruple rang de chaînes entourait ses bras puissants, afin qu'il ne pût faire de mal à personne, comme le désir s'en lisait dans ses yeux, qu'il roulait avec colère, sous ses paupières sombres. Ils le placèrent sur l'escalier et le firent agenouiller de force devant le juge; puis ils s'inclinèrent eux-mêmes et ils levèrent les mains en signe d'accusation.

Virata regarda les étrangers avec étonnement :

— Qui êtes-vous, frères, vous qui venez de si loin, et qui est cet homme que vous amenez enchaîné devant moi?

Le plus âgé s'inclina et dit :

— Seigneur, nous sommes des bergers, de paisibles habitants du pays oriental et celui-ci est le plus exécrable d'une exécrable tribu, un monstre qui a tué plus d'hommes que ses mains ne comptent de doigts. Un des nôtres lui avait refusé sa fille en mariage parce qu'il est d'une race de gens aux mœurs impures.

mangeurs de chiens et tueurs de vaches, et il l'avait donnée pour femme à un marchand de la vallée. Alors, dans sa colère, le brigand s'est précipité parmi nos troupeaux; il a, pendant la nuit, abattu le père de la fille et ses trois frères, et chaque fois qu'un serviteur de la victime menait son bétail aux confins des montagnes il l'a tué. Il a ainsi fait passer de vie à trépas onze personnes de notre village, jusqu'à ce que nous nous soyons réunis et ayons donné la chasse à ce misérable comme à une bête fauve, et maintenant nous l'avons amené devant le plus juste de tous les juges, afin que tu en délivres le pays.

Virata leva les yeux sur l'homme enchaîné.

— Est-ce vrai, ce qu'ils disent?

— Qui es-tu? Es-tu le roi?

— Je suis Virata, son serviteur et le serviteur du droit, chargé de punir les crimes et de séparer le vrai du faux.

L'homme enchaîné garda longtemps le silence. Puis son regard se fit dur et il dit :

— Comment peux-tu savoir de loin ce qui est vrai et ce qui est faux, puisque ta science ne s'abreuve que des paroles des autres?

— C'est à ton tour, à présent, de te faire entendre, afin que je discerne la vérité.

L'homme fronça dédaigneusement les sourcils :

— Je ne plaide pas contre ces gens-là. Comment peux-tu savoir ce que j'ai fait, alors que moi-même j'ignore ce que font mes mains quand la colère s'empare de moi? J'ai traité comme il le méritait cet homme qui vendait une femme pour de l'argent et j'ai fait justice à l'égard de ses enfants et de ses serviteurs. Ils ont beau m'accuser, je les méprise et je méprise ta sentence.

En entendant ce misérable insulter le juge intègre, un ouragan de protestations monta du bas de l'escalier et l'huissier du tribunal levait déjà son bâton d'épine pour frapper. Virata apaisa tout le monde et reprit son interrogatoire. Dès que les accusateurs avaient fini de lui répondre, il questionnait l'accusé. Mais celui-ci se contentait de serrer les dents avec un sourire de méchanceté. Une fois encore il dit :

— Comment veux-tu savoir la vérité d'après les paroles des autres?

Lorsque l'interrogatoire fut terminé, le soleil de midi pesait droit sur les épaules. Virata se leva et il voulut, comme c'était son habitude, rentrer chez lui et ne prononcer la sentence que le lendemain. Mais les plaignants levèrent les mains.

— Seigneur, dirent-ils, il nous a fallu sept jours de voyage pour voir ton visage auguste, et il nous faut sept jours encore pour retourner dans notre pays. Nous ne pouvons pas attendre jusqu'à demain, car le bétail meurt de soif et les champs réclament notre charrue. Seigneur, nous t'en prions, prononce maintenant ta sentence.

Virata se rassit et il réfléchit. Son visage était tendu comme celui d'une personne portant un lourd fardeau : il ne lui était jamais arrivé de rendre un jugement contre quelqu'un qui n'eût pas imploré sa clémence et qui n'eût point exprimé des paroles de défense. Il réfléchit longtemps, et les ombres s'allongeaient à mesure que passaient les heures. Il se rendit alors au puits, se lava le visage et les mains dans l'eau fraîche, afin que sa parole fût pure de la fièvre de la passion. Puis il dit :

— Puisse la sentence que je prononce être juste. L'homme que j'ai devant moi s'est rendu coupable d'un crime capital : il a fait passer onze vivants de la chaleur de leurs corps dans le monde du Devenir. La vie de l'être humain mûrit pendant une année dans la profondeur du sein maternel; aussi que le coupable, pour chaque personne qu'il a tuée, soit enfermé une année dans l'obscurité de la terre, et, parce qu'il a versé onze fois le sang, qu'il soit fouetté onze fois par an, jusqu'à ce que le sang lui coule, afin qu'il se rappelle ainsi le nombre de ses victimes. Mais il ne sera pas privé de la vie, car la vie appartient aux dieux, et l'homme ne doit pas porter atteinte à ce qui est divin. Puisse être juste mon jugement, que j'ai rendu sans autre considération que celle de la justice souveraine.

Les plaignants baisèrent l'escalier en signe de respect. Mais l'homme enchaîné fixa sombrement son regard sur celui du juge qui était dirigé vers lui comme pour l'interroger. Alors Virata dit :

— Je t'ai invité à faire appel à mon indulgence et à m'aider contre tes accusateurs, tes lèvres sont restées closes. S'il y a une erreur dans mon jugement, ne m'accuse pas devant l'éternel, accuse simplement ton silence. J'ai voulu t'être clément.

L'homme sursauta :

— Je ne veux pas de ta clémence. Qu'est cette clémence que tu m'offres, en regard de la vie que tu me prends d'une seule haleine?

— Je ne te prends pas la vie.

— Tu me la prends et d'une façon plus cruelle que ne le font les chefs de notre tribu, qu'ils appellent sauvage. Pourquoi ne me condamnes-tu pas à mort? J'ai tué, homme contre homme, mais toi tu me fais enfouir comme une charogne dans l'obscurité de la terre, pour que j'y pourrisse au cours des années, parce que ton cœur est lâche devant le sang et que tes entrailles sont sans force. L'arbitraire est ta loi et ta sentence le martyre. Tue-moi, car j'ai tué.

— J'ai mesuré ta peine avec justice...

— Mesuré avec justice? Mais où donc, juge, est ta mesure? Qui t'a fouetté, pour que tu connaisses le fouet, et comment comptes-tu les années comme si les heures passées à la lumière du jour et celles qui sont ensevelies dans l'ombre de la terre étaient semblables?

As-tu croupi dans un cachot, pour que tu saches combien de printemps tu retranches de mes jours? Tu es un ignorant et non un juste, car celui-là seul qui est frappé connaît le coup, et non pas celui qui le donne. Seul celui qui a souffert peut mesurer la souffrance. Ton orgueil s'arroge la prétention de punir les coupables, alors que c'est toi-même le plus coupable de tous, car j'ai tué dans la colère, sous l'empire de la passion, mais toi tu m'ôtes la vie de sang-froid et tu m'appliques une mesure que ta main n'a pas pesée et dont elle n'a jamais éprouvé la lourdeur. Ote-toi du siège de justice, ô juge, de peur que tu ne roules au bas de l'escalier. Malheur à celui qui mesure avec une mesure arbitraire, malheur à l'ignorant qui pense qu'il connaît le droit! Quitte ton siège, juge ignorant, et ne juge pas les hommes vivants avec des paroles mortes.

Pendant qu'il parlait, la haine sortait de sa bouche et le rendait blême, et de nouveau les autres voulurent se précipiter sur lui. Mais le juge les arrêta encore une fois, passa près du sauvage en détournant la tête et dit doucement :

— Je ne puis pas rompre la sentence qui a été prononcée sur ce seuil. Puisse-t-elle avoir été juste.

Puis Virata s'en alla, pendant qu'on s'emparait du condamné qui, bien qu'enchaîné, essayait de résister; une dernière fois il se retourna : il vit que les yeux de l'homme qu'on entraînait le regardaient fixement et méchamment. Et il sentit passer au cœur un frisson, en pensant à la façon dont les yeux de son frère l'avaient regardé quand il venait de le tuer dans la tente de l'anti-roi...

Ce soir-là, Virata n'adressa plus une parole à un être vivant. Le regard de l'étranger était enfoncé dans son âme comme un trait de feu. Et les siens l'entendirent aller et venir toute la nuit, heure par heure, sans qu'il pût dormir, sur le toit de sa maison, jusqu'au moment où le rouge matin parut entre les palmiers.

***

Virata prit son bain dans l'étang sacré du temple et fit sa prière, face à l'Orient; puis il rentra chez lui, revêtit son habit jaune des jours de fête, salua gravement les siens qui observaient avec étonnement, mais sans le questionner, ses manières solennelles et se rendit seul au palais du roi, qui lui était ouvert à toute heure du jour et de la nuit. Il s'inclina devant le monarque et toucha le bas de sa robe, en signe de demande.

Le roi abaissa sur lui son clair regard et lui dit :

— Ton désir a touché mon habit, Virata. Il est exaucé avant que tu le formules.

Celui-ci, tout en demeurant courbé, dit alors :

— Tu as fait de moi ton juge suprême. Depuis sept ans je rends des arrêts en ton nom et ne sais pas si j'ai bien jugé. Accorde-moi une lune de repos, afin que je me dirige dans une voie qui conduit à la vérité, et permets que je taise cette voie, devant toi et tous les autres. Je veux agir sans commettre d'injustice et vivre pur de toute faute.

Le roi, étonné, lui répondit :

— Mon royaume sera pauvre en justice, de cette lune jusqu'à l'autre lune. Pourtant je ne te demande pas la voie que tu as choisie. Puisse-t-elle te conduire à la vérité.

Virata baisa le seuil en signe de gratitude, inclina la tête une fois encore et se retira.

⁂

Passant de la lumière extérieure dans l'ombre de sa maison, il appela sa femme et ses enfants et leur annonça :

— Pendant tout le temps qu'une lune accomplit sa révolution, vous ne me verrez pas. Prenez congé de moi et ne me posez pas de question.

La femme le regarda avec timidité et ses fils avec déférence. Virata se pencha vers chacun d'eux et déposa un baiser sur leur front.

— Maintenant allez dans vos appartements et renfermez-vous, leur dit-il, pour qu'aucun de vous ne voie où je vais en sortant d'ici. Et ne demandez pas de mes nouvelles avant la prochaine lune.

Chacun d'eux se détourna sans mot dire.

Virata enleva son habit des grands jours, se couvrit d'un vêtement sombre, fit sa prière devant les images de la divinité aux milles formes, remplit de son écriture plusieurs feuilles de palmier qu'il roula comme un parchemin. La nuit venue il se mit en route, abandonnant sa maison silencieuse, et se dirigea vers le rocher, devant la ville, où se trouvait l'entrée de la mine et des cachots souterrains. Il frappa à la porte du geôlier, jusqu'à ce que celui-ci se leva de sa couche et demanda qui était là.

— Je suis Virata, le juge suprême. Je viens voir celui qu'on t'a amené hier.

— Seigneur, il est enfermé dans le cachot qui se trouve au plus profond des ténèbres. Faut-il que je t'y conduise?

— Je connais l'endroit. Donne-moi la clé et recouche-toi. Demain tu la trouveras devant ta porte. Et ne dis à personne que tu m'as vu aujourd'hui.

Le geôlier s'inclina, apporta la clé et un flambeau. Sur un signe de Virata, il se retira sans mot dire et s'étendit sur sa natte. Le juge ouvrit la porte d'airain qui fermait le creux du rocher et descendit dans la profondeur de la geôle. Il y avait cent ans déjà que les rois radjpoutes incarcéraient leurs prisonniers en cet endroit et que, jour par jour, chacun des détenus creusait plus avant la montagne préparant dans la froide pierre de nouvelles cellules pour de nouveaux esclaves du cachot.

Avant de repousser la porte, Virata jeta un dernier regard vers le carré de ciel qui s'offrait encore à sa vue et d'où jaillissaient les blanches étoiles; puis il referma l'issue, et les ténèbres humides, sur lesquelles la lueur incertaine de son flambeau bondissait comme une bête en quête d'une proie, s'avancèrent à sa rencontre, toujours plus épaisses. Le souffle du vent dans les arbres, le cri perçant des singes lui parvenaient encore faiblement; arrivé à la première galerie, seul un léger et lointain bourdonnement atteignait ses oreilles. Dans la deuxième régnait déjà un silence immobile et froid comme sous le miroir de la mer. De la pierre ne se dégageait plus qu'une odeur d'humidité; la senteur de la terre végétale avait fui. Et plus il descendait au cœur du rocher, plus son pas retentissait lourdement dans le silence glacial.

A la cinquième galerie, dont la profondeur sous la pierre dépassait la hauteur dans le ciel des palmiers les plus élevés, se trouvait la cellule du prisonnier. Virata entra et leva son flambeau vers une masse sombre, qui remua seulement lorsque la lumière tomba sur elle. Une chaîne cliqueta.

Virata se pencha au-dessus du prisonnier :

— Me reconnais-tu?

— Je te reconnais. Tu es celui qu'ils ont fait

maître de ma destinée et qui l'a foulée aux pieds.

— Je ne suis maître de personne. Je suis un serviteur du roi et de la justice et c'est pour la servir que je suis venu ici.

L'homme leva les yeux. Son regard sinistre fixa le visage du juge :

— Que me veux-tu?

Longtemps, Virata garda le silence, puis il dit :

— Je t'ai fait mal en prononçant ma sentence, mais toi aussi tu m'as causé une souffrance avec tes paroles. J'ignore si mon arrêt fut juste, mais dans tes remarques il y avait une vérité; personne ne doit mesurer avec une mesure qu'il ne connaît pas. J'étais un ignorant et je veux savoir. J'ai envoyé des centaines de vivants dans la nuit de cette prison; mes actes ont pesé lourdement sur beaucoup de gens, et je ne sais à quoi je les ai condamnés. Aujourd'hui, je veux m'en rendre compte, je veux l'apprendre afin d'être juste et d'entrer dans le Devenir pur de tout péché.

Les yeux du prisonnier fixaient toujours son visiteur. Sa chaîne cliquetait légèrement.

— Je veux savoir exactement ce qu'est la peine que je t'ai infligée; je veux connaître la morsure du fouet sur mon propre corps et ressentir en mon âme la souffrance de la captivité. Pendant un mois je prendrai ta place, afin que je sache à quelle expiation je t'ai condamné. Ensuite, sur le seuil de justice je prononcerai un nouvel arrêt, dont je connaîtrai cette fois le poids et la rigueur. Entre temps tu seras libre. Je vais te remettre la clé qui te laissera la liberté durant toute une lune, si tu me promets de revenir au bout de ce temps. Alors des ténèbres de ces profondeurs une lumière aura jailli et éclairé ma connaissance.

Le prisonnier était comme pétrifié. La chaîne ne remuait plus.

— Jure-moi, par la déesse impitoyable de la vengeance, dont le bras atteint tout le monde, que pendant une lune entière tu garderas le silence à l'égard de tous, et je vais te donner la clé et mon propre vêtement. La clé tu la déposeras devant la porte du geôlier et tu t'en iras. Mais par ton serment tu t'engages, devant la divinité aux mille formes, à porter cet écrit au roi aussitôt la lune écoulée, pour que je sois remis en liberté et que je juge dès lors en toute justice. Jures-tu devant la divinité aux mille incarnations, de faire ce que je te demande?

— Je le jure, prononcèrent les lèvres tremblantes de l'homme.

On eût dit que ces mots sortaient des entrailles de la terre.

Virata détacha la chaîne du prisonnier, ôta de ses épaules son propre habit et le lui tendit :

— Voici mon vêtement, donne-moi le tien et couvre-toi le visage pour que le gardien ne te reconnaisse pas. Maintenant prends ces ciseaux, coupe-moi les cheveux et la barbe de façon que, moi non plus, je ne sois pas reconnaissable.

Le prisonnier prit les ciseaux, mais sa main retomba tremblante. Pourtant devant le regard impérieux et pénétrant du juge, il fit ce qui lui était ordonné. Longtemps il demeura silencieux. Puis il se jeta à terre, et ces cris jaillirent de sa bouche :

— Seigneur il m'est impossible de supporter que tu souffres à cause de moi. J'ai tué, mes mains enfiévrées ont versé le sang. Juste fut ton arrêt!

— Ni toi ni moi ne pouvons en mesurer la valeur, mais bientôt je serai éclairé. Maintenant, va-t'en et présente-toi, comme tu me l'as juré, devant le roi le jour que la lune aura accompli sa révolution pour qu'il me libère; à ce moment-là je connaîtrai la portée de mes actes, et ma sentence sera à jamais pure de toute injustice. Va-t'en!

Le prisonnier s'inclina et baisa la terre... La porte s'ébranla lourdement dans l'obscurité; une dernière fois la lumière du flambeau se refléta contre le mur, puis la nuit s'abattit sur les heures.

*
* *

Le jour suivant Virata, que personne ne reconnut, fut amené sur le champ de la flagellation devant la ville et là on le fouetta. Lorsque le premier coup sifflant dans l'air cingla ses épaules nues, Virata poussa un cri. Puis il serra les dents. A la soixante-dixième morsure du fouet, il avait perdu connaissance et ils l'emportèrent comme une bête morte.

Il se réveilla étendu dans sa cellule; il lui semblait que son dos reposait sur des charbons ardents; mais il sentait de la fraîcheur sur son front et il respirait un parfum d'herbes sauvages; au-dessus de ses cheveux glissait une main d'où coulait de la douceur. A travers l'interstice des paupières légèrement soulevées, il vit à ses côtés la femme du geôlier qui lui lavait le front avec sollicitude. Comme il ouvrait tout à fait les yeux vers elle, il aperçut dans son regard l'étoile de la compassion qui brillait sur lui. Et à travers le feu qui brûlait son corps il reconnut le sens de toute souffrance dans la secourable bonté. Il sourit doucement à la femme; la douleur cessa de le tenailler.

Le deuxième jour, il pouvait déjà se lever et tâtonner avec ses mains dans l'obscurité de sa froide cellule. A chaque pas qu'il faisait, il sentait croître en lui un monde nouveau. Le troisième jour, ses blessures se cicatrisèrent, ses sens et ses forces lui revinrent. A présent il était tranquillement assis, n'ayant la notion des heures que par les gouttes d'eau qui tombaient du mur en divisant le grand silence en une infinité de petits espaces de temps qui se transformaient lentement en jour et en nuit, de même que l'écoulement de milliers de jours allonge à son tour une vie jusqu'à l'âge mûr et la vieillesse.

Personne ne lui parlait. L'obscurité recouvrait son sang refroidi, mais du fond de son être surgissaient toutes sortes de souvenirs en un doux jaillissement qui, petit à petit, aboutissait à un paisible lac de contemplation, où toute sa vie était reflétée. Les divers événements de son existence se confondaient en un seul tout et une fraîche clarté, que ne troublait aucune vague, en suspendait dans son cœur l'image transfigurée. Jamais ses sens n'avaient été aussi purs que dans cet état de contemplation immobile où le monde se présentait à lui sous un aspect nouveau.

Chaque jour l'œil de Virata devenait plus lucide; les choses émergeaient de l'ombre et leurs formes devenaient familières à ses moyens de perception. Au-dedans de lui-même également tout devenait plus limpide : la douce joie de la méditation, s'élevant sans désirs au-dessus de l'apparence d'une apparence, le souvenir, jouait avec les formes du divin univers comme les mains du prisonnier avec les cailloux épars dans la profondeur. Même échappé à son individualité, immobile dans son rêve, ayant perdu la notion des formes de sa propre personne plongée dans l'obscurité, il sentait plus fortement que jamais la puissance de la divinité aux mille incarnations; il assistait à sa propre transmigration à travers la série des êtres, mais sans s'attacher à aucun, nettement délivré de la servitude du désir, — mort dans la vie et vivant dans la mort... Toute crainte terrestre s'était dissoute dans la douce joie qu'il éprouvait d'être délivré de son corps. C'était comme si chaque heure il s'enfonçait davantage dans les entrailles de la création, devenant une pierre ou une noire racine souterraine, et cependant toujours en gésine d'un nouveau germe, ver peut-être, s'agitant sourdement dans la glèbe, ou bien plante, faisant effort pour soulever sa tige, ou simplement rocher se dressant solidement dans la bienheureuse inconscience d'exister.

Pendant dix-huit nuits Virata jouit du divin mystère de la contemplation et du ravissement, détaché de sa propre volonté, délivré de l'aiguillon de la vie. L'expiation qu'il s'était imposée lui semblait une félicité, et déjà faute et punition ne lui apparaissaient plus que comme des songes flottant au-dessous de la lumière éternelle de la connaissance.

Au cours de la dix-neuvième nuit, il se réveilla en sursaut; une pensée terrestre l'avait saisi. Comme une aiguille brûlante, elle s'enfonçait dans son cerveau. L'épouvante secouait son corps avec violence; ses doigts tremblaient comme la feuille sur l'arbre. Cette pensée c'était la crainte effrayante que le prisonnier pût ne pas tenir son serment, l'oublier dans son cachot; la crainte qu'il dût rester là étendu des milliers et des milliers de jours, jusqu'à ce que sa chair se détachât des os et que sa langue se raidît dans le silence. La volonté de vivre bondit en lui comme une panthère et déchira son corps : le temps avait repris possession de son âme, avec ces alternatives de peur et d'espoir qui jettent le désarroi chez l'homme. Ses pensées ne pouvaient plus se tourner vers la divinité aux mille formes qui possède la vie éternelle; elles étaient toutes concentrées sur lui; ses yeux étaient avides de lumière et ses jambes, qui s'écorchaient à la pierre dure, voulaient l'ampleur de l'espace, voulaient sauter et courir. Il était contraint de penser à sa femme et à ses fils, à sa maison et à sa fortune, aux brûlantes tentations de ce monde où s'enivrent les sens et où s'exalte la vive chaleur du sang.

A partir du jour où Virata prit conscience de sa situation, le temps, qui jusqu'alors n'avait plus été qu'un paisible étang aux eaux miroitantes et noires étendu à ses pieds, inonda tumultueusement sa pensée. Comme un torrent il se précipitait, mais toujours sans l'entraîner. Virata eût voulu qu'il l'emportât et le fît voguer comme un tronc d'arbre bondissant sur l'eau, vers la délivrance. Mais non, le flot allait en sens contraire. Et à bout de souffle, comme un nageur désespéré, il parvenait péniblement à s'arracher au courant. Il lui semblait que les gouttes d'eau du mur s'arrêtaient tout à coup de tomber, tellement devenait grand l'intervalle qui s'écoulait entre leur chute. Il ne pouvait plus rester sur sa couche. L'idée que l'autre pourrait ne plus penser à lui et qu'il devrait pourrir dans ce cachot silencieux le faisait tourner comme une toupie entre les murs. Le silence l'étranglait. Il lançait aux pierres des mots d'insulte et d'accusation. Il se maudissait, vomissait des imprécations contre le roi et les dieux. Les ongles ensanglantés, il griffait l'ironique rocher et se jetait la tête contre la porte jusqu'à ce qu'il retombât sur le sol sans connaissance, — pour s'élancer de nouveau, aussitôt revenu à la vie, et courir çà et là, dans son trou, comme un rat emporté par la rage.

Pendant la période qui s'écoula entre le dix-huitième jour de sa réclusion et la nouvelle lune, Virata parcourut des mondes d'épouvantes. Nourriture et boisson lui répugnaient, car la terreur emplissait son corps. Il ne pouvait plus penser à rien; seules ses lèvres comptaient les gouttes d'eau qui venaient, en tombant, diviser le temps, le temps infini qui s'écoule d'un jour à l'autre. Et, sans qu'il le sût, ses tempes battantes étaient devenues grises.

Mais le trentième jour un bruit s'éleva devant sa porte et retomba dans le silence. Puis des pas retentirent, le cachot s'ouvrit brusquement, la lumière fit irruption; le roi apparut devant celui que les ténèbres avaient enseveli Et il l'embrassa avec amour, puis il lui dit

— J'ai appris ton acte, qui est plus grand que tous ceux dont les écrits des anciens aient jamais fait mention. Comme une étoile, il brillera sur les plaines de notre vie. Viens, que le soleil de Dieu t'éclaire et que les regards du peuple aient le bonheur de contempler un juste.

Virata leva la main devant ses yeux, car déshabitué de la lumière elle lui blessait la vue, et son sang roulait des vagues pourpres. Il remonta en chancelant comme un homme ivre, au point que les gardiens durent le soutenir. Avant d'arriver à la sortie il s'écria :

— Sire, tu m'as donné le nom de juste, mais maintenant je sais que celui qui rend la justice fait mal et se couvre de fautes. Dans les cachots de cette prison, il y a encore des hommes qui souffrent des arrêts que j'ai prononcés; à présent seulement, je connais leurs souffrances, — et je sais que rien ne peut être expié par rien. Libère ces hommes, Sire, et écarte le peuple de mes pas, car je rougirais de ses louanges.

Le roi fit un signe et ses serviteurs chassèrent le peuple. De nouveau tout était silencieux autour d'eux. Le roi dit alors :

— Tu disais le droit, siégeant sur le plus haut degré de mon palais. Dorénavant, comme ta connaissance de la souffrance t'a rendu plus sage que jamais juge ne le fut, tu t'assoiras à mon côté et j'écouterai tes paroles, afin que ta justice me rende moi-même juste.

Mais Virata saisit le genou du roi, en signe de prière :

— Délivre-moi de toute charge. Je ne peux plus rendre de jugement depuis que je sais que personne ne peut être le juge de personne. C'est à Dieu qu'il appartient de punir et non aux hommes, car qui touche à la destinée tombe dans le péché. Et je désire vivre ma vie sans commettre de péché.

— Soit, répondit le monarque, mon empire ne t'aura pas pour juge, seulement tu seras mon conseiller; tu me diras quand je dois faire la guerre et quand je dois faire la paix; tu me guideras dans le juste prélèvement des impôts et des tributs, pour que mes décisions ne soient pas entachées d'erreurs.

De nouveau les bras de Virata entourèrent le genou du roi :

— Sire, ne me donne aucun pouvoir, car le pouvoir pousse aux actes; et quel est l'acte qu'on peut dire juste et qui n'attente pas à la destinée de quelqu'un? Que je te conseille la guerre, je sème la mort; ce que je dis se transforme en acte et tout acte a une portée que j'ignore. Ne peut être juste que celui qui n'intervient dans le déroulement d'aucune destinée, celui qui ne participe pas aux agissements d'autrui, celui qui vit solitaire; jamais je n'ai été plus près de la lumière de la connaissance que quand j'étais seul et éloigné de la parole des hommes, et jamais je n'ai été plus exempt de faute qu'à ce moment-là. Permets que je vive en paix dans ma maison, sans autre charge que celle de présenter mes offrandes aux dieux, afin que je reste pur de tout péché.

— Je te laisse aller à contre-cœur, dit le roi, mais qui peut contredire un sage et troubler la volonté d'un juste? Fais à ta guise; c'est un honneur pour mon royaume qu'il se trouve dans ses frontières quelqu'un qui vit et agit sans faute.

Le roi quitta Virata. Celui-ci partit seul, aspirant la douce chaleur du soleil, l'âme légère comme jamais, car il regagnait son domicile en homme libre de toute charge. Derrière lui il entendit le pas furtif d'un pied nu, et, comme il se retournait, il vit le condamné dont il avait pris la place et enduré le tourment. L'homme baisa la trace de Virata dans la poussière, s'inclina craintivement et disparut. A cet instant, pour la première fois depuis l'heure où il avait vu l'œil vitreux de son frère, Virata sourit et, joyeux, il entra dans sa maison.

***

Virata vécut des jours de lumière. Son réveil était un cantique d'actions de grâces de ce qu'il lui était donné de percevoir la clarté du ciel, au lieu des ténèbres, de ce qu'il jouissait des couleurs et des parfums de la terre sacrée, ainsi que de la pure musique qui se fait entendre dans le matin. Chaque jour il accueillait comme un grand bienfait la merveille de la respiration et l'enchantement des membres souples; pieusement il cueillait les sensations que lui donnait son propre corps, le corps voluptueux de sa femme, le corps viril de ses fils, — pénétré avec délices de l'universelle présence de la divinité aux mille formes, l'âme rendue ailée par la douce fierté de ne jamais sortir des limites de sa propre vie pour attenter à la destinée des autres et de ne jamais se montrer hostile envers l'une des mille incarnations de l'invisible divinité. Du matin au soir il lisait dans les livres de la Sagesse et il s'exerçait dans les diverses catégories de la prière, qui sont le silence de l'extase, le cher ravissement de l'esprit, la charité envers les pauvres et l'oraison propitiatoire. Son intelligence était devenue sereine, ses paroles étaient indulgentes, même pour le moindre de ses serviteurs, et les siens l'aimaient plus qu'ils ne l'avaient jamais aimé. Il était secourable aux pauvres et consolateur des malheureux. La prière de beaucoup d'êtres humains flottait autour de son sommeil, et on ne le nommait plus, comme autrefois, « l'Eclair du Glaive » et « la Source de la Justice », mais « le Champ du Conseil », car non seulement les voisins de la rue sollicitaient son avis, mais encore les étrangers venaient de loin pour qu'il réglât leurs litiges, bien qu'il ne fût plus juge officiel, et ils obéissaient sans hésitation à ce qu'il avait dit. Virata en était tout heureux, car il sentait que conseiller vaut mieux que commander et que concilier vaut mieux que juger; sa vie était pour lui pure de toute faute, depuis qu'il n'exerçait plus de contrainte sur aucune destinée humaine, tout en exerçant une influence décisive sur la destinée de beaucoup d'hommes. Et il goûtait le midi de sa vie avec une joie et une sérénité sans pareilles.

Ainsi s'écoulèrent trois années et encore trois autres années, semblables à un beau jour. Toujours plus apaisé devenait l'esprit de Virata : quand un différend était porté devant lui, il avait maintenant de la peine à comprendre dans son âme qu'il y eût tant de troubles sur la terre et que les hommes s'agitassent sans cesse au gré de la mesquine jalousie de l'individualité, alors qu'ils avaient devant eux l'immense vie et le parfum si doux de l'Etre. Il n'enviait personne et personne ne l'enviait. Sa maison était comme une île de paix dans une vie plane, que ne touchaient pas les torrents de la passion ni le fleuve des désirs.

Un soir — c'était la sixième année de sa retraite — Virata était allé se reposer, lorsque soudain il entendit des cris perçants et ce bruit que font les coups dont on frappe quelqu'un et qui ressemble à celui de la pluie. Il sauta de sa couche et vit que ses fils tenaient devant eux un esclave agenouillé et lui frappaient le dos avec une cravache en peau d'hippopotame, si fort que le sang coulait. Et les yeux de l'esclave, agrandis par la violence de la douleur, le regardaient fixement : Virata revit dans son âme le regard pétrifié du frère qu'il avait tué. Il accourut, arrêta le bras de ses fils et leur demanda ce qui s'était passé.

Les réponses qu'il obtint lui apprirent que l'esclave, dont le service était de puiser l'eau à la fontaine du rocher, avait l'habitude, prétextant la chaleur et la fatigue, de s'attarder dans son travail, que déjà à plusieurs reprises il avait été puni et que la veille, après un châtiment plutôt cruel, il s'était échappé. Les fils de Virata étaient montés à cheval pour aller à sa poursuite et ils l'avaient rattrapé dans un village d'au delà du fleuve. Ils l'avaient ramené attaché avec une corde à la selle du cheval, de telle sorte que, tantôt courant, tantôt traîné, il était arrivé les pieds en sang à la maison où un châtiment encore plus implacable lui avait été infligé pour lui servir de leçon, à lui et aux autres esclaves, — qui, en frissonnant et les genoux tremblants, assistaient au supplice du malheureux.

Virata regarda l'esclave. Le sable sous ses pieds était abreuvé de sang, ses yeux terrorisés étaient grands ouverts comme ceux d'un animal qui va être égorgé, et Virata vit sous leur noire fixité l'horreur qu'il avait ressentie jadis dans la nuit de son cachot.

— Lâchez-le, dit-il, sa faute est expiée.

L'esclave reconnaissant baisa la poussière de ses chaussures. Pour la première fois ses fils s'éloignèrent de lui avec un sentiment de mécontentement. Virata rentra dans ses appartements. Machinalement, il se lava le front et les mains et au contact de l'eau il se rendit compte soudain avec effroi que tout à l'heure il avait de nouveau agi comme un juge et prononcé une décision à l'égard d'un être humain. Et, pour la première fois depuis six années, le sommeil lui manqua.

Or, comme il était là étendu dans l'ombre, sans pouvoir dormir, il revit les yeux épouvantés de l'esclave, — ou bien étaient-ce ceux du frère qu'il avait tué? — ainsi que ceux pleins de colère de ses fils. Et il se demanda, avec anxiété, si ses enfants n'avaient pas commis une injustice envers ce serviteur. Pour une légère négligence, du sang avait souillé le sable de sa maison; le fouet avait meurtri un corps vivant pour un petit manquement, et cette punition le brûlait plus que n'avaient fait les coups de fouet que lui-même avait sentis naguère lui entrer dans la peau. Il est vrai que le châtiment concernait, non pas un homme libre, mais un esclave, dont le corps, depuis le sein maternel, était sa propriété, d'après la loi des rois. Est-ce que cette loi des rois était aussi un droit aux yeux de la Divinité aux mille formes, cette loi qui faisait du corps d'un homme la chose des autres, qui ne laissait pas à cet homme le moindre libre arbitre et qui permettait à chacun, sans culpabilité, de déchirer ou de détruire sa vie?

Virata se leva de sa couche et fit de la lumière pour trouver dans les livres des sages une réponse à cette question. Nulle part son œil ne trouva de différence établie entre les hommes autre que la hiérarchie des castes et des états, nulle part, dans l'être aux mille formes il n'y avait de différence et de degré dans la loi de l'amour. Avec une avidité qui ne faisait que croître, il buvait la science, car jamais son âme n'avait poursuivi avec plus d'ardeur la solution d'une question; soudain la flamme de la lampe eut une brusque recrudescence de clarté et puis s'éteignit.

Et comme l'obscurité descendait brusquement des murs, il éprouva une étrange impression; il lui semblait que l'espace où tâtonnait aveuglément son regard était non pas sa chambre, mais le cachot d'autrefois, dans lequel il avait alors reconnu au milieu de ses souffrances que la liberté était le droit le plus essentiel de l'homme et que nul n'était autorisé à enfermer un être humain, ni pour la vie ni même pour une seule année. Pourtant, il le voyait maintenant, il avait emprisonné cet esclave dans le cercle invisible de sa volonté et il l'avait enchaîné à l'arbitraire de sa décision, si bien qu'il ne jouissait plus de la liberté d'un seul de ses pas. Tandis que Virata était ainsi plongé dans le silence et qu'il sentait que ses pensées élargissaient sa poitrine, une clarté se faisait en lui, une lumière descendant d'une hauteur invisible pénétrait au fond de son âme. A présent il se rendait compte qu'ici encore il était coupable, tant qu'il assujettissait des hommes à sa volonté et qu'il les nommait esclaves d'après une loi qui n'était que la loi fragile des humains et non pas la loi éternelle de la divinité aux mille formes. Et il s'inclina pour prier :

— Grâces te soient rendues, Etre aux mille aspects, toi qui m'envoies des messagers de toutes tes incarnations, afin qu'ils me délivrent de mes fautes, me conduisant toujours plus près de toi, sur le chemin invisible de ta volonté. Fais que je les reconnaisse dans les yeux éternellement accusateurs du frère éternel que je rencontre en tous lieux, qui voit par mes yeux et dont je souffre les souffrances, afin que ma vie s'écoule dans la pureté et que je respire hors du péché.

Le visage de Virata était redevenu serein; les yeux clairs, il entra dans la nuit; il but le salut éclatant des étoiles, aspirant profondément le murmure du vent du matin qui dilatait ses poumons, et, traversant les jardins, il gagna la rivière. Lorsque le soleil se leva à l'horizon, il se plongea dans le flot sacré, et il revint vers les siens, qui étaient rassemblés pour la prière.

*
**

Il pénétra au milieu d'eux, les salua avec

un bon sourire, renvoya d'un signe les femmes dans leurs appartements et parla à ses fils de la sorte :

— Vous savez que depuis des années un seul souci occupe mon âme, celui de la justice, celui de vivre sur la terre loin du péché; or, hier il est arrivé que le sang a coulé sur le sol de ma maison, le sang d'un homme, et je veux être pur de ce sang et expier la faute commise à l'ombre de mon toit. L'esclave qui a été châtié trop durement pour un manquement léger recevra dès maintenant la liberté et il ira où il lui plaît, afin qu'au jour du dernier jugement il ne nous accuse ni vous ni moi.

Les fils de Virata gardaient le silence. Et il sentit l'hostilité qui se dégageait de leur attitude.

— Je constate un silence qui va contre mes paroles. Envers vous non plus je ne veux pas agir sans vous écouter.

— A un coupable, à un esclave qui a failli, tu veux donner la liberté, une récompense au lieu d'un châtiment, commença le fils aîné. Nous avons dans notre maison beaucoup de serviteurs, et un de moins importerait peu. Mais tout acte a sa répercussion et est lié à la chaîne des autres. Si tu rends la liberté à celui-ci, comment pourras-tu ensuite retenir les autres qui sont ta propriété, s'ils désirent s'en aller?

— S'ils désirent s'en aller hors de ma vie,

je dois les laisser faire. Je ne veux assujettir la destinée d'aucun être vivant, car celui qui contraint la destinée d'autrui commet une faute.

— Mais tu romps ainsi la marque du droit, continua le second fils. Ces esclaves sont notre propriété, comme la terre et l'arbre de cette terre et le fruit de cet arbre. Puisqu'ils sont tes serviteurs ils sont liés à toi et tu es lié à eux. Tu détruis un ordre qui se perpétue depuis des millénaires; l'esclave n'est pas maître de sa vie, il est le serviteur de son maître.

— Il n'y a qu'un droit, le droit venu de Dieu, et ce droit est la vie qui a été donnée à chacun avec le souffle de sa bouche. Tu me fais souvenir de l'équité, moi qui étais aveuglé et pensais être affranchi du péché : depuis des années j'opprimais la vie d'autrui. Mais maintenant j'y vois clair et je le sais : un juste ne doit pas faire d'un homme un animal. Je veux donner à tous leur liberté afin d'être irréprochable à leur égard sur cette terre!

L'entêtement persistait sur le front des fils de Virata et l'aîné répondit durement :

— Qui arrosera les champs, afin que le riz ne dépérisse pas et qui conduira les buffles au champ? Devons-nous devenir des laboureurs pour contenter ta chimère? Toi-même, tu n'as jamais occupé, ta vie durant, tes mains à travailler et tu ne t'es jamais inquiété de ce que ta vie fût assise sur le travail des autres. Et, pourtant, il y a de la sueur d'autrui jusque dans la natte tressée sur laquelle tu t'étends, et c'est l'éventail des serviteurs qui a veillé jusqu'ici sur ton sommeil. Et voici que tout à coup tu veux les chasser loin de toi pour que personne ne se fatigue plus, hors nous, qui sommes ton propre sang? Peut-être devons-nous aussi dételer les buffles de la charrue et prendre leur place, afin que le fouet ne les atteigne plus? Car en eux également passe le souffle de la divinité aux mille formes. Ne change pas ce qui existe, car cela aussi vient de Dieu. Ce n'est pas volontairement que s'ouvre la terre; il faut lui faire violence pour qu'elle porte des moissons; la violence est la loi qui règne sous les étoiles, et nous ne pouvons pas nous en passer.

— Moi, je veux m'en passer, car la force est rarement dans le droit, et je veux vivre droitement sur cette terre.

— La force est dans toute possession, qu'il s'agisse de l'homme, de l'animal ou de la patiente terre. Là où tu es propriétaire, tu dois aussi être dominateur; celui qui possède est lié à la destinée des hommes.

— Mais, moi, je veux m'affranchir de tout ce qui me met en faute. C'est pourquoi je vous ordonne de libérer les esclaves qui sont dans la maison et de vous occuper vous-mêmes de satisfaire nos besoins.

Le regard des fils était chargé de colère et à peine pouvaient-ils retenir leur mécontentement. L'aîné dit encore:

— Tu as déclaré que tu ne voulais peser sur la volonté d'aucun homme. Tu ne veux pas commander à des esclaves, afin de ne pas commettre de faute; mais, nous, tu nous commandes et tu portes atteinte à notre vie. Est-ce là, je te le demande, bien agir devant Dieu et devant les hommes.

Virata garda longtemps le silence. Comme il levait les yeux, il vit dans le regard de ses fils la flamme de la cupidité et un frisson d'horreur parcourut son âme. Puis il dit doucement :

— Vous m'avez enseigné ce que je dois faire. Je ne vous imposerai pas de contrainte. Prenez la maison et partagez-là à votre gré; quant à moi, je n'ai désormais plus part ni à la possession ni à la faute. Tu l'as dit justement : celui qui commande rend les autres esclaves et surtout leur âme. Qui veut vivre sans péché ne doit pas participer à un foyer, ni à la destinée d'autrui; il ne doit pas se nourrir du travail des autres; il ne doit pas s'abreuver de la sueur d'autrui, ni s'enchaîner à la volupté de la femme et à la paresse du rassasiement : il faut vivre seul si l'on veut vivre pour son Dieu, il faut travailler pour le sentir, et être pauvre pour l'avoir en entier. Or, je veux être plus près du Dieu invisible que de ma propre terre; je veux vivre sans péché. Prenez la maison et partagez-là en paix.

Virata se détourna d'eux et s'en alla. Ses fils étaient là, immobiles, tout étonnés; la cupidité satisfaite brûlait délicieusement dans leur corps et pourtant ils avaient honte dans leur âme.

*
**

Virata s'était enfermé dans ses appartements n'écoutant ni les appels ni les exhortations. Lorsque les ombres se perdirent dans la nuit, il se prépara à partir; il prit un bâton, la coquille du pèlerin, une hache pour travailler, une poignée de fruits pour manger, et les feuilles du palmier contenant les écritures de la Sagesse pour prier; il retroussa son vêtement jusqu'aux genoux et il quitta en silence sa maison, sans jeter un dernier regard vers sa femme, ses enfants et toute la communauté de ses biens. Toute la nuit il marcha jusqu'au fleuve, dans lequel jadis, à l'heure amère où l'homme nouveau s'était éveillé en lui, il avait laissé tomber son glaive; il franchit le gué et remonta le cours du fleuve sur l'autre rive, là où n'habitait aucun homme et où la terre ne connaissait pas encore la charrue.

A l'aurore, il arriva à un endroit où la foudre était tombée sur un manguier très vieux et où, en provoquant un incendie, elle avait pratiqué une clairière dans le taillis. Le fleuve y décrivait, en passant, une molle boucle, et un essaim d'oiseaux voltigeaient sur l'eau basse, venant y boire paisiblement. On avait devant soi la clarté du fleuve libre et derrière soi l'ombre des arbres. Il y avait encore, tout autour, du bois éparpillé par la foudre et de menus branchages brisés. Virata regarda longuement cet espace solitaire et nu. Il résolut d'y bâtir une hutte et d'y passer sa vie, uniquement dans la contemplation, loin des hommes et loin du péché.

Il eut besoin de cinq jours pour édifier sa cabane, car ses mains ignoraient le travail manuel. Et par la suite ses journées n'étaient pas sans fatigue, car il lui fallait chercher des fruits pour sa nourriture, se défendre contre l'envahissement des fourrés vivaces, défricher autour de sa demeure un certain espace et l'enclôre de pieux aigus, afin que les tigres qui rugissaient dans la nuit n'approchassent pas. Mais aucun tumulte humain ne pénétrait dans sa vie et ne troublait son âme, ses journées coulaient dans la paix, comme l'eau dans le fleuve, doucement renouvelées d'une source infinie.

Il n'avait d'autre compagnie que les oiseaux, que cet homme paisible n'effarouchait pas et qui bientôt nichèrent sur sa cabane. Il leur jetait les graines des fleurs et des fruits; sans crainte ils descendaient vers lui et ne fuyaient pas ses mains; lorsqu'il les appelait, ils quittaient les palmiers, et il jouait avec eux et ils se laissaient caresser. Une fois, il trouva dans la forêt un jeune singe qui, une patte cassée et criant comme un enfant, gisait sur le sol. Il le prit avec lui et l'éleva; imitant, de plaisante manière, les gestes de son sauveur, l'animal ne tarda pas à le servir comme un domestique. Ainsi il était bénignement entouré d'êtres vivants; mais il n'ignorait pas que chez les bêtes comme chez l'homme sommeillait la violence et le mal. Il voyait les alligators se poursuivre avec fureur et se déchirer entre eux, les oiseaux faire la chasse aux poissons et, à leur tour, les serpents s'enrouler brusquement autour d'eux et les étouffer : la chaîne monstrueuse de la Destruction, cette déesse hostile enlacée autour du monde, lui devenait manifeste, comme une loi que l'on ne pouvait pas refuser de reconnaître. Mais cela lui faisait du bien de n'être que le spectateur de ces luttes et de ne pas participer au cycle de la Destruction et de la Libération.

***

Une année et plusieurs lunes s'étaient écoulées sans qu'il vît aucun être humain. Mais, un jour, il arriva qu'un chasseur suivit la trace laissée par un éléphant allant se désaltérer, et par delà le fleuve un étrange tableau lui apparut. La lumière jaune du soleil couchant baignant son corps, un homme à barbe blanche était assis devant une hutte misérable; sur sa tête des oiseaux se posaient en toute tranquillité; à ses pieds, un singe cassait des noix en frappant des coups sonores. Le vieillard avait les yeux dirigés vers la cime des arbres où se balançaient des perroquets, au plumage bleu et bigarré, qui, le voyant tout à coup lever les bras, descendaient, nuages dorés, en battant des ailes et venaient reposer sur ses mains. Le chasseur s'imagina qu'il avait devant les yeux le saint dont la venue était annoncée et dont il était dit : « Les bêtes lui parleront avec la voix des hommes et les fleurs croîtront sous ses pas. Il pourra cueillir les étoiles avec les lèvres et écarter la lune d'un souffle de son haleine. » Et laissant la chasse il reprit avec hâte le chemin du logis pour narrer ce qu'il avait vu.

Déjà le jour suivant les curieux affluaient pour observer, de l'autre rive, le fait miraculeux; et le nombre des spectateurs étonnés grossissait toujours, jusqu'au moment où l'un des assistants reconnut Virata, celui qui avait abandonné maison et richesse pour l'amour de la grande justice et dont le souvenir s'était perdu dans son pays. La nouvelle vola et se répandit au loin, elle atteignit le roi, qui ressentait douloureusement l'absence du fidèle Virata. Et il fit équiper une barque montée par quatre fois sept rameurs qui fendirent les flots en remontant le cours du fleuve jusqu'à l'endroit où se trouvait la hutte de l'ermite. Des tapis furent étendus sous les pieds du roi, qui s'avança au-devant du sage. Mais il y avait un an et six lunes que la voix des hommes n'avait plus touché les oreilles de Virata; il restait là devant ses hôtes, en proie à l'hésitation et à la timidité; il oubliait le salut rituel que le serviteur doit à son maître et roi, et il se contenta de dire :

— Bénie soit ta venue, ô mon roi.

Le roi le prit dans ses bras.

— Depuis des années, je vois le chemin que tu as choisi te conduire vers la perfection et je suis venu contempler ce spectacle rare qu'est la vie d'un juste, afin d'en tirer un enseignement.

Virata s'inclina.

— Ma science réside uniquement en ce que j'ai désappris de vivre avec les hommes, pour rester pur de tout péché. Le solitaire ne peut instruire que lui seul. Je ne sais pas si ce que je fais est sage, si ce que je ressens est le bonheur. Je ne peux rien enseigner ni conseiller. La sagesse du solitaire est autre que celle du monde, la loi de la méditation n'est point celle de l'action.

— Mais voir comment vit un juste, n'est-ce pas déjà apprendre, répondit le monarque? Depuis que mes yeux ont vu tes yeux, j'éprouve une joie innocente. Je n'en demande pas plus.

De nouveau Virata s'inclina, de nouveau le monarque le serra dans ses bras.

— Désires-tu quelque chose de moi dans mon royaume ou veux-tu que je porte un mot aux tiens?

— Plus rien n'est mien, Sire, ou plutôt tout ici-bas est mien. J'ai oublié que jadis j'eus une maison parmi d'autres maisons, et des enfants parmi d'autres enfants. L'homme qui n'a pas de patrie a l'univers à lui; celui qui est détaché des biens de la terre a la plénitude de la vie, l'homme qui est sans péché possède la paix. Je n'ai qu'un désir : rester sans péché sur cette terre.

— Adieu, donc, et pense à moi dans tes prières.

— Je pense à Dieu, et ainsi je pense également à toi et à tous ceux qui vivent sur cette terre, qui participent de Dieu et de son souffle.

Virata s'inclina. Le bateau du roi descendit, en glissant, le cours du fleuve, et durant beaucoup de lunes aucune voix humaine ne retentit aux oreilles de l'ermite.

*
* *

De nouveau la renommée de Virata déploya ses ailes et, comme un faucon blanc, vola au-dessus du pays. La nouvelle de l'homme qui avait quitté sa maison et ses biens pour mener une vie de pure méditation atteignit les villages les plus éloignés, se répandit jusqu'aux huttes des bords de la mer; et les gens appelèrent cet homme qui vivait dans la crainte de Dieu l' « Etoile de la Solitude », l'honorant ainsi du quatrième vocable de la vertu. Les prêtres dans les temples et le roi devant ses serviteurs célébraient son renoncement; si quelque juge dans le pays prononçait une sentence, il ne manquait pas d'ajouter · « Puisse mon jugement être juste comme l'a été celui de Virata, qui vit maintenant en Dieu et pour qui la sagesse n'a plus rien de caché! »

Par la suite, il arriva maintes fois, et ce fait se répétait de plus en plus avec les années, que, lorsqu'un homme reconnaissait l'injustice de ses actes et prenait conscience de l'égarement de sa vie, il abandonnait sa maison et son pays, après avoir distribué ses biens et prenait le chemin de la forêt, pour y bâtir une cabane et vivre en Dieu, comme Virata.

Car l'exemple est le lien qui unit le plus fortement les hommes sur la terre; l'acte d'un individu éveille chez le prochain la volonté d'agir pareillement au point qu'il s'arrache à la torpeur du rêve et se met à remplir utilement les heures. Ceux-là qu'avait réveillés l'exemple de Virata s'apercevaient du vide de leur vie; ils voyaient du sang à leurs mains et le péché dans leur âme; ils sortaient alors de leur engourdissement et s'en allaient, comme lui, se construire une hutte à l'écart, n'ayant plus d'autre but que de satisfaire aux besoins les plus simples du corps et de se consacrer à l'infini de la prière. Quand ils se rencontraient en train de chercher des fruits, ils ne se disaient pas un mot, pour ne point lier de nouvelles relations, mais leurs yeux souriaient amicalement et leurs âmes s'apportaient mutuellement la paix. Le peuple avait dénommé cette forêt l'ermitage de la piété. Et aucun chasseur n'en parcourait les fourrés pour éviter de souiller par le meurtre la sainteté de ces lieux.

Or, un matin que Virata allait par la forêt il aperçut un des ermites étendu sans mouvement sur le sol; comme il se penchait sur lui pour le relever, il remarqua que son corps était sans vie. Le sage ferma les yeux du mort, dit une prière et essaya de transporter hors du fourré cette dépouille d'une âme, pour lui édifier un bûcher, afin que le corps de ce frère entrât purifié dans le Devenir. Mais le fardeau était trop lourd pour ses bras, qu'une maigre alimentation, faite de seuls fruits, avait privés de leurs forces. Il se rendit donc au prochain village, par le gué du fleuve, pour demander assistance.

Quand ils virent s'avancer dans leur rue le noble vieillard les habitants vinrent respectueusement à sa rencontre pour recevoir ses ordres; puis ils s'en allèrent aussitôt abattre des arbres et incinérer le mort.

Partout où Virata passait, les femmes s'inclinaient, les enfants s'arrêtaient et le suivaient de leurs yeux étonnés; lui, marchait silencieusement et plus d'un homme sortit de chez lui pour baiser l'habit de l'illustre visiteur et recevoir la bénédiction du saint homme. Virata traversait en souriant cette foule bienveillante et sentait de quel amour profond et pur il lui était maintenant donné d'aimer les hommes depuis qu'il n'était plus lié à eux.

Mais en passant devant la dernière maison du village, qui était aussi la plus basse, alors qu'il répondait partout avec enjouement à l'aimable salut de ceux qui l'approchaient, il vit, dirigés sur lui, deux yeux de femme pleins de haine. Il eut un recul d'effroi, car il lui semblait qu'il revoyait les yeux fixes, oubliés depuis de longues années, de son frère tué par lui. Il s'était aussi reculé parce que son âme ignorait la colère depuis qu'il vivait dans la solitude. Il se dit que peut-être c'était là une erreur de ses sens. Mais ces yeux d'une sombre fixité ne l'avaient pas encore quitté. Son calme retrouvé, comme il s'apprêtait à marcher vers la maison, la femme se retira avec hostilité dans le corridor d'où, malgré la profondeur et les ténèbres, il sentait encore peser sur lui l'éclat brûlant de son regard, qui était comme l'œil du tigre dans le morne silence de la jungle.

Virata prit une résolution virile · « Comment, se dit-il, puis-je être coupable envers cette femme que je ne connais pas et dont la haine jaillit sur moi? Vraiment ce doit être une erreur. Je veux éclaircir la chose. » Tranquillement, il gagna la maison et frappa à la porte avec l'ossature de ses doigts. Seul le son du bois répondit et pourtant il sentait le voisinage haineux de cette femme qui lui était étrangère. Il continua à frapper avec patience, attendit et frappa encore, comme un mendiant. Finalement, après avoir longtemps hésité, la femme se montra, dirigeant sur lui des yeux méchants.

— Que me veux-tu, lui dit-elle félinement?

Et il remarqua qu'elle était obligée de se tenir au chambranle tellement la colère la secouait.

Mais Virata ne lui répondit pas : il se contentait de la dévisager et son cœur se faisait léger, car il acquérait la certitude de ne l'avoir jamais vue auparavant. Elle était jeune, et lui, depuis des années, avait quitté les voies des hommes; jamais, il ne pouvait l'avoir croisée dans sa vie ni lui avoir fait aucun mal.

— J'ai voulu t'apporter le salut de la paix, étrangère, dit enfin Virata, et te demander pourquoi tu me regardes avec colère. T'ai-je, par hasard offensée? Dis-moi, que t'ai-je fait?

— Ce que tu m'as fait? — un sourire mauvais courut autour de sa bouche, — presque rien, quelque chose de tout à fait insignifiant. Ma maison était pleine et tu l'as vidée; tu m'as ravi ce que j'avais de plus cher au monde et tu as fait de ma vie une mort. Va-t-en, que je ne voie plus ton visage, sans quoi je ne pourrais pas me contenir plus longtemps.

Virata la regardait. L'étrangère avait les yeux si bizarres qu'il pensa qu'elle avait été frappée de folie. Et se tournant, pour partir, il lui dit seulement ceci :

— Je ne suis pas celui que tu penses. Je vis à l'écart des hommes et je ne porte la responsabilité d'aucune destinée. Tu me prends pour un autre.

Mais la colère de la femme éclata derrière lui.

— Je te reconnais bien, toi que tout le monde connaît. Tu es Virata, qu'on appelle l' « Etoile de la Solitude », celui à qui on a donné, en signe de louange, les quatre noms de la vertu. Mais moi je ne te louangerai pas, car ma bouche t'accusera jusqu'à ce qu'elle atteigne le juge suprême des vivants. Viens donc, puisque tu veux savoir, et contemple ce que tu m'as fait.

Et elle empoigna Virata étonné, l'entraîna dans la maison, ouvrit brusquement la porte d'une pièce basse et sombre; là, elle l'attira dans un coin où, à terre, sur une natte, était étendu quelque chose d'immobile. Virata se pencha, mais il recula aussitôt, en proie à un violent frisson : le corps d'un enfant mort gisait à ses pieds, et les yeux du cadavre le fixaient comme jadis les yeux de son frère, lançant contre lui leur éternelle accusation. Mais à côté de lui, la femme tremblante de douleur, s'écriait :

— C'était le troisième, le dernier que j'ai porté dans mon sein, et tu me l'as tué aussi, toi qu'on appelle le saint et qu'on dit être le serviteur des dieux!

Et comme Virata voulait l'interrompre pour la questionner et se défendre, elle l'entraîna plus loin :

— Vois, là, ce métier à tisser, ce métier vide. Ici dans la journée se tenait Paratika, mon époux, tissant la blanche toile; dans tout le pays, il n'était pas de meilleur tisserand. De loin, les gens venaient lui apporter du travail, et le travail nous apportait la vie. Nous coulions des jours limpides, car Paratika était un homme bon et son activité était sans relâche. Il évitait les gens débauchés, il évitait aussi la rue; grâce à lui, j'eus trois enfants que nous élevions pour en faire des hommes à son image, bons et justes comme lui. Mais un jour il apprit par un chasseur — plût au Ciel que l'étranger ne fût jamais venu! — qu'un homme, dans le pays, avait abandonné sa maison et sa fortune pour aller vivre en Dieu dans les bois, où il s'était bâti un abri de ses mains. A partir de ce moment l'esprit de Paratika s'assombrit, s'assombrit toujours plus; le soir il réfléchissait beaucoup et rarement il prononçait une parole. Une nuit, je me réveillai : il avait quitté mon côté pour se rendre dans ta forêt, avec la volonté d'y consacrer ses pensées à Dieu. Mais en pensant à Dieu, il nous oubliait, et il oubliait que ses forces nous faisaient vivre. La pauvreté entra dans la maison; les enfants manquèrent de pain, l'un mourut après l'autre, et aujourd'hui, celui-ci, c'est le troisième, le dernier, qui meurt à cause de toi. Car tu as détourné mon époux. Pour que toi, tu sois plus près de l'essence véritable de Dieu, trois enfants, issus de mes entrailles, sont descendus sous la froide terre. Le jour que je t'appellerai devant le juge des vivants et des morts, que diras-tu pour te défendre, homme orgueilleux, quand je crierai que leur petit corps, avant de perdre la vie, s'est tordu au milieu de mille tourments, cependant que toi tu jetais des graines aux oiseaux, éloigné de toute souffrance ? Comment expliqueras-tu ton crime, toi qui as entraîné un homme juste à abandonner le travail qui le nourrissait, lui et ses enfants innocents, dans l'illusion insensée qu'il serait plus près de Dieu en restant à l'écart des hommes qu'en menant la vie des vivants.

Virata était pâle, et ses lèvres tremblaient.

— Je n'ai pas su que je poussais d'autres hommes à faire comme moi. Je pensais agir pour moi seul.

— Où donc est ta sagesse, toi le sage, si tu ignores ce que les enfants savent déjà, c'est-à-dire que tout ce qui se fait vient de Dieu, que personne ne se soustrait à la volonté divine ni à la loi du péché? Tu n'as été qu'un orgueilleux, toi qui pensais être maître de tes actes et pouvoir enseigner autrui. Ce qui fut douceur pour toi est cause de mon amertume, et ta vie est la mort de cet enfant.

Virata réfléchit un instant. Puis, s'inclinant, il dit :

— Ta parole est vraie, et je vois que toujours la souffrance engendre une plus grande connaissance de la vérité que l'impassibilité des sages. Ce que je sais, ce sont des malheureux qui me l'ont appris; ce que j'ai vu, c'est le regard de la douleur qui me l'a montré, — le regard du frère éternel. Je ne me suis pas humilié devant Dieu, ainsi que je le pensais; au contraire, j'ai été un orgueilleux. Je le sais par ta souffrance que maintenant je partage. Pardonne-moi, parce que je te fais cet aveu : je me sens coupable envers toi et aussi envers beaucoup d'autres que j'ignore et sur la destinée de qui j'ai influé. Car même celui qui n'agit pas offre un exemple qui le rend responsable sur cette terre; et même le solitaire communique sa vie à tous ses frères. Pardonne-moi. Je veux quitter la forêt et revenir parmi les hommes, afin que Paratika revienne aussi et qu'il éveille en ton sein de nouvelles vies pour remplacer celles qui ne sont plus.

Il s'inclina encore une fois devant la femme et toucha des lèvres le bord de sa robe. Alors, la colère de la malheureuse tomba et ses yeux étonnés le regardèrent s'en aller.

⁂

Virata passa encore une nuit dans sa hutte, vit les étoiles naître dans la profondeur du firmament et s'éteindre au matin. Une dernière fois il appela les oiseaux pour leur donner à manger et les caressa tendrement. Puis il prit son bâton et sa coquille et, tel qu'il était venu il y avait de cela des années et des années, il s'en retourna à la ville.

A peine la nouvelle que le saint homme avait quitté sa solitude et se trouvait de nouveau dans les murs de la cité s'était-elle répandue que les gens accoururent en foule de toutes les rues, heureux à l'idée que leurs yeux allaient pouvoir contempler celui dont la vue était si rare; toutefois, une inquiétude secrète avait aussi gagné certains : ils pensaient que le retour de Virata, qui venait de vivre en contact avec Dieu, pourrait bien signifier l'annonce d'un malheur.

Virata s'avançait doucement au milieu d'un flot de vénérations; il eût voulu répondre au salut des hommes en leur montrant un visage gai, mais pour la première fois il lui était impossible de retrouver le sourire empreint de douceur posé naguère sur ses lèvres : son regard restait sévère et sa bouche fermée.

Ainsi il arriva dans la cour du palais. L'heure du Conseil était passé et le roi se trouvait seul. Virata se dirigea vers le monarque qui se leva pour le prendre dans ses bras. Mais le visiteur s'inclina jusqu'à terre et toucha l'ourlet de l'habit du roi en signe de prière.

— Ta demande est exaucée, dit celui-ci, avant même que tes lèvres la formulent. C'est un honneur pour moi de pouvoir servir un juste et d'aider un sage.

— Ne m'appelle pas sage, répondit Virata, car la voie que j'ai prise n'est pas la bonne. J'ai tourné dans un cercle et me voici de nouveau à tes pieds comme le jour où je te priai de me délier de ma charge. Je voulais être exempt de faute et m'abstins de toute action; mais, moi aussi, j'étais pris dans le filet que l'Invisible tend aux êtres terrestres.

— Dieu me garde de croire ce que tu dis, répondit le roi. Comment aurais-tu pu mal agir à l'égard des hommes, toi qui t'en es écarté; comment aurais-tu pu tomber dans le péché, quand tu vivais en Dieu?

— Ce n'est pas de façon consciente que j'ai mal agi; j'ai fui le péché, mais nos pieds sont enchaînés à la terre et nos actes soumis aux lois éternelles. L'inaction, c'est encore l'action; il m'était impossible d'échapper aux yeux du frère éternel envers qui, toujours, nous pratiquons involontairement le bien et le mal. Pourtant, je suis sept fois coupable, car j'ai fui Dieu et me suis refusé à servir les vivants; je fus un inutile, puisque je me contentais d'alimenter ma vie et ne rendais service à personne. A présent, je veux servir de nouveau.

— Ton discours est étrange, Virata; je ne saisis pas ta pensée. Dis-moi ton désir que je l'accomplisse.

— Je ne veux plus disposer de ma volonté. Car l'homme libre de tout n'est pas libre, de même que celui qui n'agit pas n'est pas sans péché. Seul est libre celui qui est au service de quelqu'un, qui fait abandon à un autre de sa volonté, consacre ses forces à un travail et agit sans questionner. Seule la moitié de l'acte que nous accomplissons est notre œuvre véritable, — le commencement et la fin, la cause et l'effet, dépendent des dieux. Débarrasse-moi de ma volonté, car tout vouloir est confusion, toute servitude est sagesse : fais que je te rende grâce, à mon roi!

— Je ne te comprends pas. Il faut que je te libère, dis-tu, et en même temps tu demandes à servir. Ainsi, seul est libre qui accepte d'être sous les ordres d'un autre et non celui-là qui commande? Je ne saisis pas très bien tes paroles.

— Il est bon, ô mon roi, que ton cœur ne comprenne pas mon langage. Car comment pourrais-tu encore être roi et commander, s'il en était autrement.

Le visage du roi s'assombrit de colère.

— Alors tu penses que le maître serait inférieur devant Dieu au serviteur?

— Il n'est point d'inférieur ni de supérieur devant Dieu. Celui qui se borne à servir et qui fait abandon de sa volonté, sans poser de question, s'est débarrassé du péché et l'a renvoyé à Dieu. Mais qui veut et croit qu'avec la sagesse il lui sera possible d'éviter le mal, celui-là tombe dans la tentation et le péché.

Le visage du roi demeurait sombre.

— De cette manière une charge en vaut une autre et il n'en est pas de plus élevée ni de plus humble devant Dieu et devant les hommes?

— Il se peut, ô mon roi, que certaine fonction paraisse plus élevée aux yeux des hommes, mais devant Dieu toutes sont égales.

Le roi regarda Virata longtemps et d'un œil dur. Son orgueil se cabrait méchamment en son âme. Mais lorsqu'il remarqua le visage décrépit du vieillard et les cheveux blancs qui surmontaient son front ridé, l'idée lui vint qu'il était tombé en enfance avant l'âge et, pour le mettre à l'épreuve, il lui dit narquoisement :

— Accepterais-tu d'être gardien de chenil dans mon palais?

Virata s'inclina et baisa le sol en signe d'acquiescement et de reconnaissance.

*
**

A partir de ce jour le vieillard que le pays avait jadis honoré des quatre noms de la vertu eut la garde du chenil situé en face du palais et logea dans les sous-sols avec la valetaille. Ses fils rougissaient de lui, ils contournaient lâchement le château pour ne pas le voir et n'être pas obligés de reconnaître leur parenté devant les autres; les prêtres se détournaient de cet indigne. Seul le peuple s'arrêtait et s'étonnait quand passait avec la meute celui qui avait été autrefois le premier de l'empire et qui maintenant était domestique. Mais comme il ne regardait personne les gens se dispersaient vite et bientôt ils finirent par ne plus se soucier de lui.

Virata accomplissait consciencieusement sa tâche depuis le rouge matin jusqu'aux rougeurs du soir. Il lavait les babines des bêtes et râclait leur gale; il leur portait à manger, nettoyait leurs niches et balayait leurs ordures. Bientôt les chiens l'aimèrent plus que n'importe quelle personne du palais, et il en était heureux. Sa vieille bouche plissée, qui rarement s'ouvrait pour parler aux hommes, avait toujours un sourire devant leur joie et les années qu'il vécut de la sorte, longues et sans grands événements, lui étaient douces. Le roi mourut, un autre vint, qui ne fit pas attention à lui et qui même, un jour, le bâtonna, parce qu'à son passage un chien avait grogné.

Lorsque son temps fut accompli et qu'il mourut Virata fut enfoui dans la fosse immonde où l'on jetait les domestiques; à ce moment-là il n'était plus personne, parmi le peuple, qui se souvînt de celui à qui le pays avait autrefois décerné les plus hauts titres. Ses fils se cachèrent et pas un prêtre ne chanta le chant des morts devant sa dépouille. Seuls les chiens hurlèrent durant deux jours et deux nuits, puis, eux aussi, ils oublièrent Virata, — ce Virata dont le nom n'est point inscrit dans les chroniques des princes ni mentionné dans le livre des sages.

FIN

TABLE

Dans la collection Les Cahiers Rouges

Joseph d'Arbaud	*La Bête du Vaccarès*
Marguerite Audoux	*Marie-Claire*
Marguerite Audoux	*L'Atelier de Marie-Claire*
Marcel Aymé	*Clérambard*
Béatrix Beck	*La Décharge*
Béatrix Beck	*Josée dite Nancy*
Emmanuel Berl	*Rachel et autres grâces*
Ambrose Bierce	*Histoires impossibles*
Ambrose Bierce	*Morts violentes*
André Breton, Lise Deharme, Julien Gracq, Jean Tardieu	*Farouche à quatre feuilles*
Charles Bukowski	*Le Postier*
Erskine Caldwell	*Une lampe, le soir...*
Blaise Cendrars	*Moravagine*
Blaise Cendrars	*La Vie dangereuse*
André Chamson	*L'Auberge de l'abîme*
Jacques Chardonne	*Claire*
Jacques Chardonne	*Lettres à Roger Nimier*
Jacques Chardonne	*Vivre à Madère*
Jacques Chardonne	*Les Varais*
Alphonse de Châteaubriant	*La Brière*
Bruce Chatwin	*En Patagonie*
Hugo Claus	*La Chasse aux canards*
Jean Cocteau	*Journal d'un inconnu*
Jean Cocteau	*Portraits-Souvenir*
Jean Cocteau	*La Corrida du Premier Mai*
Salvador Dali	*Les Cocus du vieil art moderne*
Léon Daudet	*Les Morticoles*
Joseph Delteil	*Choléra*
Joseph Delteil	*Sur le fleuve Amour*
Joseph Delteil	*Les Poilus*
André Dhôtel	*Le Ciel du faubourg*
Ferreira de Castro	*Forêt vierge*
Maurice Genevoix	*La Boîte à pêche*
Jean Giono	*Mort d'un personnage*
Jean Giono	*Naissance de l'Odyssée*
Jean Giraudoux	*Bella*
Jean Giraudoux	*Siegfried et le Limousin*

Ernst Glaeser	*Le Dernier Civil*
Louis Guilloux	*La Maison du peuple*
Louis Guilloux	*Dossier confidentiel*
Kléber Haedens	*Adios*
Kléber Haedens	*L'été finit sous les tilleuls*
Kléber Haedens	*Une histoire de la littérature française*
Knut Hamsun	*Vagabonds*
Joseph Heller	*Catch 22*
Louis Hémon	*Battling Malone pugiliste*
Louis Hémon	*Monsieur Ripois et la Némésis*
Hermann Hesse	*Siddhartha*
Panaït Istrati	*Les Chardons du Baragan*
Pascal Jardin	*La Guerre à neuf ans*
Franz Kafka	*Tentation au village*
Jacques Laurent	*Le Petit Canard*
Le Golif	*Borgnefesse*
G. Lenotre	*La Révolution par ceux qui l'ont vue*
G. Lenotre	*Sous le bonnet rouge*
Primo Levi	*La Trêve*
Pierre Mac Orlan	*Marguerite de la nuit*
Norman Mailer	*Un rêve américain*
Norman Mailer	*Pourquoi sommes-nous au Vietnam?*
André Malraux	*La Tentation de l'Occident*
Heinrich Mann	*Professeur Unrat (l'Ange bleu)*
Thomas Mann	*Altesse royale*
Thomas Mann	*Sang réservé*
François Mauriac	*Les Anges noirs*
François Mauriac	*La Pharisienne*
Paul Morand	*Lewis et Irène*
Paul Morand	*L'Europe galante*
Paul Morand	*Magie noire*
Paul Morand	*Air indien*
Paul Morand	*Boudha vivant*
Vladimir Nabokov	*Chambre obscure*
Irène Némirovsky	*David Golder*
Irène Némirovsky	*Le Bal*
Irène Némirovsky	*Les Mouches d'automne*
Paul Nizan	*Antoine Bloyé*
François Nourissier	*Un petit bourgeois*
René de Obaldia	*Le Centenaire*
Joseph Peyré	*L'Escadron blanc*
Joseph Peyré	*Sang et Lumières*
Charles-Louis Philippe	*Bubu de Montparnasse*
Henry Poulaille	*Le Pain quotidien*
John Cowper Powys	*Camp retranché*
André Pieyre de Mandiargues	*Feu de braise*
Charles-Ferdinand Ramuz	*Aline*
Charles-Ferdinand Ramuz	*Derborence*
Jean-François Revel	*Sur Proust*

André de Richaud	*La Barette rouge*
André de Richaud	*L'Étrange visiteur*
André de Richaud	*La Douleur*
Rainer-Maria Rilke	*Lettres à un jeune poète*
Marthe Robert	*L'Ancien et le Nouveau*
Maurice Sachs	*Au temps du Bœuf sur le toit*
Victor Serge	*S'il est minuit dans le siècle*
Ignazio Silone	*Une poignée de mûres*
Philippe Soupault	*Poèmes et Poésies*
Roger Vailland	*Éloge du cardinal de Bernis*
Mary Webb	*Sarn*
Kenneth White	*Lettres de Gourgounel*
Stefan Zweig	*Le Chandelier enterré*
Stefan Zweig	*La Peur*
Stefan Zweig	*La Pitié dangereuse*
Stefan Zweig	*Brûlant Secret*
Stefan Zweig	*Erasme*

Cet ouvrage a été réalisé sur
Système Cameron
par la SOCIÉTÉ NOUVELLE FIRMIN-DIDOT
Mesnil-sur-l'Estrée
pour le compte des éditions Grasset
le 30 mars 1989

Imprimé en France
Première édition, dépôt légal : octobre 1983
Nouveau tirage, dépôt légal : mars 1989
N° d'édition : 7886 – N° d'impression : 11681
ISBN : 2-246-32002-X
ISSN : 0756-7170